愛と狂瀾のメリークリスマス
なぜ異教徒の祭典が日本化したのか

堀井憲一郎

講談社現代新書
2401

序　火あぶりにされたサンタクロース

レヴィ＝ストロースの見解

フランスのブルゴーニュで、サンタクロースが火あぶりにされたことがある。ブルゴーニュのディジョン大聖堂で吊《つる》され、大聖堂前の広場に引きだされ、そこで火あぶりになった。

生身の人間ではない。クリスマスでお馴染みの、あの、サンタクロースである。「聖なるキリスト降誕祭を異教化した罪」によるものだ。つまりカトリック教会によって、サンタクロースの存在は異端であると断罪されたのである。

さほど古い話ではない。１９５１年。日本でいえば昭和26年のことである。

当時の日本の新聞には、そのような外電は掲載されていない。20世紀フランスの偉大なる知性レヴィ＝ストロースの論文「火あぶりにされたサンタクロース」によって当時の様子を知ることができる（『サンタクロースの秘密』レヴィ＝ストロース、中沢新一　せりか書房・所収）。サンタクロースが闊歩《かっぽ》するキリスト降誕祭（クリスマス）はカトリック教本来の姿ではない、と教会は強く主張していた。そのため火刑に処された。ただ、すぐさま翌25日の夜には市役所にサンタクロースが〝復活〟し、市民に歓迎された、とある。

聖職者たちは、サンタクロースを火刑に処すことによってかえってかれの永続性を強めたのではないか、というのがレヴィ＝ストロースの見解である。

そのころの日本は、アメリカ軍の占領統治下にあり、12月24日夜は歓楽街で大騒ぎが展開されていた。

当時の日本の新聞は「本来、キリスト教徒の祝祭日であるクリスマスに、無縁の日本人がなぜ馬鹿騒ぎをするのか」という疑問を繰り返し呈している。お馴染みの論説である。

これは、日本でのクリスマス騒ぎが始まった20世紀初頭から、繰り返し述べられる識者の意見である。そしてそれは100年を越え、21世紀になったいまも耳にする言説である。

「なぜ、異教徒なのに降誕祭に騒ぐのだろうか」という疑問には意味はない。

ただ、日本人として、この疑問文は〝異教徒なのに〟という部分に比重がかかっているのだとおもっていた。信者は、お祭りなので、騒げばいいのだろうと漠然とおもっていたが、どうやらそうでもないらしい。

1951年ブルゴーニュでのサンタ火刑報道からは、「クリスマスの馬鹿騒ぎ」には、フランスの教会も辟易《へきえき》している気分がしっかりと伝わってくる。

キリスト教とは本質的に関係していない

フランスはキリスト教徒の国である。

1598年のナントの勅令によってプロテスタントの信仰の自由を認めたとはいえ、カトリック教会の力が強く、広くクリスチャンの住まう国、のはずである。その国において第二次世界大戦後にアメリカ主義的〝サンタクロースのクリスマス〟が広がるのを苦々しくおもっている人たちがいた。

サンタクロースは、〝キリスト教にあらざる者＝異端〟のアイコンなのだ。

1951年当時のフランスは「アメリカからの贈与」に助けられていた（上記レヴィ＝ストロースの論文）。ほぼ敗戦国といっていい立場にいたフランスは、大戦での疲弊した経済をアメリカの援助によって復興させていた。アメリカの物資とともに、アメリカの文化やアメリカ精神が大量にフランス社会に浸透していくのを避けることができなかった。

サンタクロースは、その圧倒的なアメリカ資本主義を象徴している。だから、古きカトリックの伝統を大事にしたい人たちには、許されない存在と映ったのである。

また。

《火あぶりにされたサンタクロース》の事例が示しているのは、「クリスマスの祭りは、じつはキリスト教とは本質的には関係していないのではないか」ということである。

それは同時にわが国での「キリスト教徒でもないのにクリスマスに騒ぐ」という行為が間違っていない、ということを暗示している。

クリスチャンでない日本人がクリスマスに大騒ぎするのは、日本人に問題があるのではなく、クリスマスのほうに問題があるのではないか。そう考えることができる。

そして、おそらくその考えが正しいのである。

フランスのディジョンで火刑に処したのは、〝カトリック教会が考えているクリスマス祝祭とは関係ない余分なもの〟なのだ。そして、わが国のクリスマスはその火刑に処された部分のみを（カトリック本来は関知していない部分のみを）受け入れ、ただ楽しむきっかけとしているにすぎない。そして12月25日の本質は、じつはそちら側にあるのではないか、ということである。

資本主義的クリスマスのアイコン

20世紀の世界戦争で本土を荒らされずにすべて勝ったのは、唯一アメリカ合衆国だけである。アメリカだけが世界戦争二連勝、ほぼ無傷の全勝優勝である。その圧倒的勝利の国の文化が世界を席巻した。クリスマスは、教会の手から離れ、サンタクロースの手中に収められていくことになった。

現在のクリスマス祝祭には、さまざまな書物で指摘されている〝古代の冬至の祭り〟という側面とはべつに、近代資本主義の祝祭、という面がある。贈与の祭りが、資本主義と共振し、いまの異様な賑《にぎ》わいをもたらしている。クリスマスの過剰な祝祭化は「資本主義の本質的な問題」と大きくつながっている。アメリカ的な（そして日本的でもある）クリスマスは、遅れてきた資本主義国ならではの祝祭である。中世的権威を無視している。それが世界で受け入れられている。資本主義国であるかぎりは、宗教とは関係なく、クリスマスを祝わなければならないのだ。

サンタクロースは資本主義的クリスマスのアイコンである。

キリスト教にとってサンタクロースは異端なのだろうが、はために見ているぶんには、クリスマスの存在そのものがキリスト教にとっての異物に見える。

日本人ならではの知恵

本書は「日本におけるクリスマス祝祭の歴史」を追った本である。

1549年のキリスト教伝来以来の〝降誕祭〟の様子を細かく辿っていく。

日本のクリスマスの歴史、という言葉を使うと、よくこう聞かれる。

「え。日本のクリスマスってそんな昔からあったんですか」

数人いれば必ず誰かがこういう疑問を抱く。この言葉に「日本におけるキリスト教とクリスマスの位置」が象徴されている。

キリスト教は1549年に伝来し、1639年の鎖国令によって完全に追放された。明治になってキリスト教は再び渡来し、そのまま何となく日本にある。

ざっくりしたみんなの知識はそのあたりだろう。日本国内のごく一部のキリスト教信者か(人口の1%と言われている)、日本キリスト教史などを調べる研究者以外は、いまの日本のキリスト教についてはほとんど知らない。いや、知らないというレベルではない。きれいに無視している。みごとに無関心である。

誰も、キリスト教徒がいるなら日本でも降誕祭はあっただろう、という想像をしない。自分が生まれる前から日本にクリスマスがあったとは、誰一人考えもしない。

日本は、異物としてのクリスマスに目をつけたのだ。

クリスマスを盛大に祝うことは、キリスト教から逸脱していくことになる。だから、積極的に祝いだした。キリスト教と敵対せず、しかしキリスト教に従属しない方策として、クリスマスだけ派手に祝うことにしたのだ。

〝クリスマスの馬鹿騒ぎ〟は明治時代から始まった。対米英戦争による中断をはさみ、そのまま21世紀につながっている。

日露戦争よりあとなら、どの時代の日本人も、すべてみな〝クリスマスの想い出〟を語ることができる。20世紀の日本にはいつでもクリスマスがあった。

しかし、その歴史を通して語った日本人はいない。いたとしても見つけられない。

キリスト教徒ではない日本人が、キリスト降誕祭（クリスマス）に大騒ぎをするのは、日本人ならではの知恵なのだ。その経緯を細かく説明していく。

ルーツは、日露戦争の勝利

そもそも、日本ではここ数十年、クリスマスは恋人たちの日である、とされている。まったくその意味がわからないのだが、ただ、それがキリスト教から大きく逸脱していることとだけはわかる。そのルーツを探った。

それも、明治からの馬鹿騒ぎの流れの末にある、と見ていい。

恋人たちのクリスマスのルーツは、日露戦争の勝利にあるのだ。

日本人が、圧倒的な西洋文化を前にしたときに取る態度を、クリスマス受容の歴史に見いだすことができる。本書では、西洋社会と接するようになった16世紀以降の、日本の文化のある側面を見ていくことになる。

キリスト教を背景にした西洋文明は、自分たちと同じルールで動く社会しか認めようとしない。そして自分たちが善であることは疑うことのない前提となっている。あきらかに狂信的な暴力集団であり、立ち向かうと善意によって滅ぼされる。

キリスト教は、信じないものにとっては、ずっと暴力であった。そういう厄介なものはどう取り扱えばいいのか。それは日本のクリスマスに答えがある。

「日本のクリスマス騒ぎ」は、力で押してくるキリスト教文化の侵入を、相手を怒らせずにどうやって防ぎ、どのように押し返していくか、という日本人ならではの知恵だったのではないか。だからこそ「恋人たちのクリスマス」という逸脱にたどりついたのである。

そういう日本のクリスマスの歴史を見ていきたい。

目次

1章　なぜ12月25日になったのか

いつ生まれたかはわからない

ナザレのイエスがいつ生まれたのかは、さだかではない。

ふつう西暦と呼んでいる紀元法は、「イエス・キリスト」生誕年を紀年としている。ただ正確ではない。現に、世界史で「キリスト生誕：BC4年」と覚えさせられることがあった。BCはビフォア・キリストの略記だ。つまり〝キリストの生誕〟は〝キリスト生誕紀元前4年〟である、ということになる。どこを指摘していいのかわからないくらい奇妙な事態である（そもそもBC4年とはキリスト生誕のひとつの可能性でしかない）。

生年がわからない。誕生した日も、もちろん不明である。

キリストの直接の弟子（使徒たち）や、内部に伝承が残っていないのなら、生まれた月日など、わかるわけがない。

そもそも貴人階級の生まれでないのなら、生まれた日が記録されることはない。人が記録されるのは死んだ日である。死んだ日は大事にされるが（時を超えて伝承されるが）、生まれた日は、ほとんど誰も気にしていない。生まれた日月は、人にとって重要な日ではない。

近代以前には当然だった「自分が生まれた日月＝誕生日は誰も気にしていない」状況について、かなりわかりにくくなっているとおもう。

すべての人間の生誕日が記録されるようになったのは、近代国家になってからである。日本だと明治からです。それ以前、よほどの貴人でないかぎり、生誕日の記録は残っていない。もちろん、生誕日に祝いをする風習もない。そんな面倒なことをしている余裕はなかった。近代国家が全国民の生年月日を記録させたのは、すべての男子を兵士として確保するためであり、全国民から税金を取るためである。

〝国民のすべてを兵隊にする〟という無謀な企ては、フランス革命で始まりナポレオンが広めたと言われている。そのシステム（国民国家と呼ばれている）が広まる以前には、自分の生年月日は本人でさえも知らないことが多かった。

想像すればわかるが、自分の生まれた年月日というのは、それを見ていた自分以外の誰かに（だいたい親ですが）教えてもらわないかぎり、知ることができない。記録されないその月日を、いちいち教えてもらえることは少なかった。年だけを教えてもらっていたはずである。多くの人は、自分の生まれた日月については知らないまま生きていた。

すべての人が自分の誕生日を知っているということは、国家組織による強制である、という自覚くらいは持っていたほうがいい（もちろんそれによって国家からのいろんなサービスも受けられるのだけどね）。

人は死んだ日で記録されるだけであった。

中世以前に、庶民の生まれた日が記録されていることはない。

たとえば、古い時代の歴代ローマ教皇の事歴を調べてみればわかる。だいたい生年月日が不明であり（ないしは生年が推定されているだけであり）、死んだ年月日がわかっている。

そういうものである。

テオドシウスははめられた

「イエスが生まれた日」が問題になるのは、ローマ帝国内にキリスト教が広まりはじめたころからだ。

4世紀のコンスタンティヌス帝の時代のころ、「12月25日を降誕の日とする風習」が広まっていった、とされている（『クリスマスの起源』O・クルマン　教文館）。

コンスタンティヌス帝は〝ミラノの勅令〟（３１３年）によって、帝国内のキリスト教の存在を認めた皇帝である。

そもそも、キリスト教はローマ帝国内の秩序と合致した存在ではなかった。ローマ帝国内は多神教を基本としていたので、自分たちの神以外を認めようとしないキリスト教は面倒な存在だったのだ。それが４世紀に入り帝国の力が衰え始め、キリスト教を積極的に認める皇帝が出てくる。帝国側がキリスト教のシステムを利用しようとしたのである。

余談ながら、帝国の衰亡にともないキリスト教強大化の流れは止まらず、３９２年、ついにテオドシウス帝はキリスト教を国教化する。神の意志をキリスト教が伝えているというシステムを取っているかぎり、国教とした時点で皇帝はキリスト教の（具体的にはその司祭の）下に立つことになる。それは皇帝もわかっていたはずであるが、避けられなかった。どうしても「テオドシウスはは められた」という印象をもつ。国教化によって長きローマの伝統は、断ち切られることになる。

４世紀はキリスト教がローマ帝国内で圧倒的な勝利を収めていく世紀である。

この時期に「キリスト降誕の日」が決められることになった。

あとから見れば、世界宗教になるための綿密な準備のひとつだったことがわかる。

しかし「キリスト降誕の日」はいっこうにわからない。

もちろん、当時の人たちも懸命に「イエスが本当に生まれた日」を調べようとした。でも直接資料がないのだから、どうしようもない。状況証拠から推察しようとするが、無理すぎる。

偉大な人が生まれたところで、その日が記憶される時代でもない。記録は残っていない。そもそも、ほとんどの人は、いまが何年の何月何日なのか、まったく気にせずに生きていたはずである（復活祭の日取りに、その痕跡を感じられる）。

4世紀になってから、300年以上前のナザレの大工の息子の生年月日を調べようとしても、わかるはずがない。

たとえば2020年前後の現在でも「いまから400年前に飛驒高山で生まれた大工の息子の生年月日」を調べようとしたところで、かなりむずかしいとおもわれる。生まれ年は何とか調べられるかもしれないが、月日までつきとめるのは、まず無理だろう。21世紀でさえもそうである。4世紀にできるわけがない。

現にできなかった。

だから、ナザレのイエスが生誕した月日というのは、まったくわかっていない。おそらく人類史上、一度として記憶されたことがないとおもう。

いつ神の子として顕れたのか

初期キリスト教によって守られていたのは「イエスの復活した日」である。

キリスト教の根源は、イエスが死んだのち3日で復活した、というところにある。だから復活した日は伝えられている。いわゆる復活祭である。いまでもキリスト教でもっとも大事なのは復活祭のはずだ。ただし「春分の日のあとの満月のあとの日曜」という、現代人には少し馴染まない言い方で指定されている（処刑され死んだ日はだからその3日前である。なぜか金曜だとされている）。暦を持たない民にとって、月を見ているだけで、同じ日を指定できるこの伝承は、古代にはとても有効な方法だったとおもう。

生まれた日を祝う習慣のない時代に、どうして「イエスの生誕の日」が大事にされ始めたのか。

それは宗教的な都合による。

このころ（キリスト死してのち300年経ったころ）ナザレのイエスが、「いつ神の子として顕《あらわ》れたのか」というポイントにおいて、いくつかの分かれた意見があった。

ひとつは「イエスが洗礼を受けたとき」に神の子になったという説があり、つまり洗礼まではふつうの人間だったということになる（キリスト教と関係のない私から見れば、ごくまっとうで穏当な意見におもえるのだが、そういう問題ではないらしい）。

それに対して、イエスはもともと神の子であり、生まれ落ちたときより神の子であり、救世主として顕現したという考えがある。これが正統派教理となった。人として生まれ、神の声を聞いて神の子となったという考えは異端とされ、徹底的に排除されていく。

それが確定したのが、325年のニケア公会議である。

イエスの生誕日が、つまり神として地上に現れた（顕現した）日となった。神が人の世に降誕した日である。大変な日だ。イエスが人として生まれたなら、生誕日はどうでもいいが、「神が地上に顕現した日」なら、とてつもなく重要な日となってしまう。

なぜ12月25日なのか

4世紀になって、つまり300年も経ってから、そんなことを急に言われてもどうしようもないだろう、というのが、脇から眺めている正直な感想なのだけれど、当事者はそんなことは言っていられない。

正統派（を名乗る）キリスト教団はキリスト降誕の日を決めなければいけなくなった。降誕日を「あらたに制定する」必要が出てきたのである。

そして12月25日が選ばれた。

関係者によって積極的に選ばれた。

救世主イエスが降誕した日が何月何日だったのか、だれもまったく知らないなかで、えいやっと、12月25日が選ばれた。これがナザレのイエスの本当の生誕日である確率は、そのまま366日分の1である。

なぜ12月25日になったのか。

「ローマ帝国内において、おこなわれていた冬至の祭りが12月25日であったので、その習俗をキリスト教に取り込むために、12月25日をキリスト降誕祭とした」

いろんな本にそう書いてある。

多くの本が同じことを記している場合、絶対的な真理であるときと、もとの出典が一つしかないときがあって、ちょっと後者の匂いもするのだが、とりあえず、紹介する。

多く説明されているのは「ミトラ教の冬至祭りの主祭日が12月25日だったから」というものである。

ローマ帝国内で広く信奉されていたのが太陽神ミトラ教である（ミトラス教との表記もある）。冬至は、不滅の太陽の力が弱まった日であり、それを「これから栄えだす日」と考えて、祝う。ミトラ教では夜を徹して祭りをおこなっていた。なぜ、冬至の日そのもの（平年だとだいたい12月22日）ではないのか、という説明はいくつかあるのだが（すこしずつ違う）、とにかく古代では12月25日が主祭日として祭りの中心にあったらしい。

その日を指定した。

4世紀、この12月25日をキリスト降誕日だと強引に決めたころ、ローマ帝国内でのキリスト教が多数派であったわけではない。コンスタンティヌス帝のころのキリスト教徒は人口の5％ほどだったと言われている（『ローマ人の物語37』塩野七生　新潮文庫）。

12月25日はミトラ教の祭事の日だとおもっていた人たちが多かったはずである。

そこに敢えて、キリスト教の大事な日を指定した。24日の夜が（25日の始まりだが）ミサを捧げて過ごす日となった（周知のことながら、時計が普及していないこの時代は深夜0時が日の変わり目ではなく（誰も認識できないから）日没が一日の終わりで、日が沈んだときを日替わり（いまの午前0時）と認識していた。現在12月24日の夜とおもわれている24日の日没後はクリスマス前夜ではなく、クリスマス当日の25日だった）。

当時のローマのメイン行事に堂々と対抗して、その日に仕立てた、ということになる。

コンスタンティヌス帝がそうさせた、という説がある。キリスト教優遇政策をとったコンスタンティヌスではあるが、それは「キリスト教の強固なシステム」が帝国維持に有効だから、それを利用しようと考えただけである。ローマにいまも伝えられる伝統習俗も大事にしたい。名目としてはキリスト教の祝祭を採用していくが、実質はローマ古来の土俗的習俗を残していく。そういう現実的な選択である。

12月25日は、キリスト教とはまったく関係なく、ローマ市民にとってとても大事な祝祭日であるから、だからこそ、キリスト教の大事な日もここに重ねてしまえばいいのではないか。そういう発想だった。

おそらくキリスト教側もそれが有効と考えたのであろう（コンスタンティヌスが先か、キリスト教側が先かはわからない。教理から考えるとキリスト教側の発想とはおもえないのだが、その集団のなかにきわめて高度な政治的思考のできる人物がいたなら、キリスト教側からの発想の可能性も否定できない）。

古来の習俗の日だからこそ、キリスト教の聖なる日として指定したのである。キリスト教のしたたかさを感じる。

サトゥルヌスの祭り

もうひとつ「サトゥルヌスの祭り」との関係も指摘されている。

12月17日から23日まで、ローマ帝国の農耕神サトゥルヌスを祭る祝祭であった（ローマ帝国は多神教であるから、いろんな神がいた）。

「サトゥルヌスの祭り」では、7日間にわたり、すべての生産活動を停止して、喧噪《けんそう》と浮かれ騒ぎに明け暮れた。使用人と主人の立場も入れ替えられ、悪戯《いたずら》が仕掛けられ、冥界の王が担ぎ出され、どんちゃん騒ぎに終始した。この狂騒の祝祭のあいだに、贈り物のやりとりをした。サトゥルヌスは一種の悪神である（英語読みではサターンとなる）。

クリスマスにおける贈答の習慣は、このサトゥルヌスの祭りが淵源《えんげん》だとされる。異教の祭りをもとにした習慣は、やがてサンタクロースが一身に背負っていくことになる。文化人類学者の説明によると、サンタクロースは冥府の使いの側面を持っているという。つまり、サンタクロースはもとは死の国の存在でもあったのだ。

一種の破壊神として

ローマ帝国は、衰え始めた帝国を維持しようとして、「強く人々を団結させる力を持つキリスト教」を帝国の中心に据えた。しかし、ローマ帝国はキリスト教を国教化して百年も保《も》たず滅び、そしてキリスト教が西欧世界を千年にわたり支配する時代がやってくる。

キリスト教は、各地に残るいろんな土俗宗教を併呑《へいどん》していく。ただ一方的に駆逐するわけにもいかず、さまざまな習俗をキリスト教に採り入れていくことになった。

「救世主イエスの降誕の日」はキリスト教にとって大事な日ではあるが「12月25日」はべつだんキリスト教の日ではなかった。太陽信仰の日であった。その土俗的習慣を採り入れながら、上から重く「聖なる降誕日」という重しを載せ、かつての〝野蛮な習俗〟に気づかれないように荘厳な儀式の日にしていった。

それが、中沢新一の表現によれば「ヨーロッパ世界の教会が千年近くも抱え込んできたジレンマ」ということになる（前掲『サンタクロースの秘密』）。

神がキリストの形を取ってこの世に降誕したことを信じない人たちでも、この時期には日常と違う空間にいたい、という気分だけは受け継いでいった。キリスト教を信奉する人には神の日となるが、信奉しない人にとっては、ただのお祭りの日となる。

キリスト教が古代習俗をカプセルに入れて近代まで運んできた、と見ることもできる。千年のジレンマが解けると、冥府の使いが現れた。サンタクロースは、一種の破壊神として、クリスマスに忍び込んできた。

どうして千年の封印が解けたのか。そこには〝近代〟が関わってくる。

資本主義社会により、キリスト教の向こうにある〝祭り〟がひっぱりだされてきた。大衆社会、消費社会となり、キリスト教の重しが取られ、クリスマスは別の祝祭となっていく。サンタクロースを破壊神たらしめているのは、資本主義社会の精神だろう。

キリスト教に支配された千年王国も不思議な世界であったが、資本主義がもたらす長き王国もまた、まっとうな社会には見えない。違いは〝狂気〟をどこに保持しておくかという置き場所の違いにしか見えてこない。

2章　戦国日本のまじめなクリスマス

あきらかに世界征服を狙っている

キリスト教はローマ帝国内において、圧倒的な勢力となり、やがて俗世の王権を超えた存在となっていった。ローマ帝国が分裂し、消滅しても、キリスト教は強大化していった。

ヨーロッパ全域を覆う巨大帝国は再び現れることはなかったが、その代わり、キリスト教がヨーロッパをまとめる支柱となった。ローマ帝国が崩壊したのち、キリスト教は千年の王国を立てたのである。中世ヨーロッパはキリスト教の王国であった。

中世キリスト教の王国は、わが日本国とは、ほぼ、関係がなかった。

それぞれに行き来することはなかった。それはそれでよかった。

そのままずっと無関係でよかったのである。

ときどき、そうおもう。

たとえば、太平洋の周辺エリアにはいくつもの島がある。パラオがあり、ニューギニアがあり、フィジーがあり、ソロモンがあり、ニューカレドニアがある。ほかにもいろんな島がある。それぞれにそれぞれの人が住んでいて、それぞれの文化を持っている。彼らは彼らのやり方で生きている。独自のものを信じ、独自の基準によって人を裁き、独自の方法で人を葬る。

もちろんそれはぼくたち日本人の方法と違うだろう。ひょっとして理解できないものが多くあるかもしれない。すごく似ている部分もあるのかもしれない。それでかまわない。彼らは彼らの方法で生き、ぼくたちはぼくたちのやり方で生きていく。

それでいいのである。

それぞれの生き方で暮らし、お互いの生活については、べつだんかまうこともない。世界はそうやって、静かに生きていた。

ところが。

16世紀になって、ヨーロッパのキリスト教国たちは、「非キリスト教エリア」へとどんどん進出を始める。もとより周辺国をそうしていたように、遠く離れたエリアをさえ、キリスト教国化しはじめた。

アジアや太平洋エリアからすれば、余計なお世話である。

べつだん、われわれは今までの生活システムで問題はない。このままで充分である。

でも、かれらはやって来た。

キリスト教国は、キリスト教国であるために、イスラム教徒たちと戦い、旧教カトリックと新教プロテスタントに分裂して戦い、そして世界に自分たちの教えを広めようとしていく。キリスト教は、世界中のあらゆる場所に自分たちの教えを広め、可能なかぎり多くの人たちをキリスト教徒にしようとしている。そのために手段を選ばないところがある。かれらは戦いを辞さない。それが正義だからだ。でもあきらかに世界征服を狙っている。

物語世界では、世界征服を目論むものは徹底的な悪と相場は決まっているが、彼らにはそういう意識はない。

ヨーロッパ世界から見れば、日本国は「世界の東の端」にあたる。ワールドエンドだ。もとは、日本の先は海が途切れて、死の国に落ちていくと考えられていたのではないか。

南アジアから東南アジアに進出したキリスト教徒たちは、やがて東端の国ニッポンを知り、ワールドエンド・ジャパンを目指してやってくる。目的はもちろん「日本人にキリスト教を布教し、やがてキリスト教の国にすること」にある。

鉄砲伝来や、ザビエルの来日を、何やら遠くからやってきたお客さんのように捉える心情があるようにおもうが、そこはもう少しシビアに見ていったほうがいい。

徹底的な排除へ

彼らは日本をキリスト教の国にしようとした。

しかし羽柴秀吉と徳川家康および家康の子孫によって、それは完全に阻止された。秀吉も家康も、おそらく天下人としての強い直観によって、この者たちを国に残せば、やがて大きな禍根《かこん》がもたらされる、とおもったのだ。徹底的な排除へとむかう。

家康から始まる徳川政権は「日本人の中にただの一人としてキリスト教徒が存在しないこと」を目指す。そこに徹底的な力を注いだ。

「日本人でありながら、キリスト教徒である」という存在を地上より殲滅《せんめつ》した。「私は日本人だから、何があってもキリスト教徒ではない」ということを日本人はみずから証明しなくてはいけなかった。日本人であるかぎりキリスト教徒のはずがない。それがわれわれの先祖が強く抱いていた常識である。

「踏み絵」「五人組」「宗旨人別《しゅうしにんべつ》改帳《あらためちょう》」などという用語は、歴史的な用語としてぼんやり眺めているぶんには昔の話でしかないが、これをすべての日本人に徹底していったということは、どれだけ「キリスト教徒を日本国内に存在させない」ということに政権が本気であったか、ということの証左である。

日本人はキリスト教徒であってはいけない。それは徹底された。

日本におけるキリスト教文化を考えるときに、押さえておくべきポイントは、ほぼここに集約されている。

日本が独立を保てた理由

この時期のキリスト教徒の行動について、布教者の記録が残っているが、かれらは日本文化を破壊しにきている。実際に神社仏閣を破壊している。キリスト教国に神社も仏閣も必要ないからだ。そして、平和に暮らすふつうの日本人を、異教徒たち、と呼ぶ。日本人から見れば圧倒的少数で異端である自分たちを正統とし、その国のふつうの住人すべてを異教徒と呼んでいるところに、強く違和感を感じる。おそらく秀吉も家康も感じていたのと同じものだとおもう。彼らはやがて異教徒をなくし同教徒の国にしようとしている。

非常に危険な存在である。

当時の中央政権は、その危険性を断固、排除することにした。これは、ひとつの政治判断として客観的に評価しないといけないし、私は個人的にはこの判断を支持する。

明治以降、日本がアジア圏で独立を保てた理由の根源のひとつを、この徳川政権の果断な処置に求められないか。〝鎖国〟という不思議な言葉は、近代化を遅らせたというマイナスイメージを抱かれがちだが、それは一面にすぎない。ヨーロッパの文化を敬しても受け入れない態度は、その気分をきちんと国策化したことによって、日本人に徹底された。国民全員がその気分を保持できたということが、アジア圏において独立を維持できたひとつの要因だったのではないか。近世の資料を見たのちには、そう強く感じる。

16世紀のキリスト教徒たちの「日本のキリスト教国化」は完全に失敗した。

二百数十年ののち、日本は開国し、キリスト教が再びやってきた。しかしこれは、全世界を資本主義で覆いたいという経済的な要請からの開国要求であった。16世紀にもっていた「すさまじいばかりの千年王国の宗教の情熱」はすでにそこにはなかった。秀吉と家康による排除によって、日本はキリスト教とはほぼ無縁で生きていく国となれたのである。

そして、それは21世紀になるまで、基本的には変わっていない。

ザビエルの布教

まず、キリスト教徒が日本に初めてやってきたころの降誕祭の様子を見てみる。

あくまで内輪の祭式である。日本文化に何の影響も残さなかったと言える。

フランシスコ・ザビエルが、強い信念を抱いて鹿児島に到着したのは１５４９年の夏のことである。イエズス会のアジア進出拠点となっていたインドのゴアから、ポルトガル領のマラッカを経て、このアジアの東の端っこの島国へとやってきた。

鹿児島に滞在して、翌１５５０年には長崎の平戸へ移り、そのあと山口を経て、堺から京都へと入った。「日本国王」に国内でのキリスト教布教の許しを得ようとしたのである。

ただ天皇（後奈良天皇）も将軍（足利義輝）も会ってくれなかった。しかも彼らは日本国の真の支配者ではなかった。群雄割拠の時代であり、日本国の王といっても名目だけであり、広く権力をいきわたらせているわけではなかった。そのためザビエルは西国の大きな権力者であった周防《すおう》国（山口）の大内義隆のもとで布教することにした。

また豊後《ぶんご》国（大分）の大友義鎮《よししげ》（宗麟）の招きを受け、大分にも赴いた。

しかし来日３年目の１５５１年の11月にザビエルは中国布教のため、日本を離れる。インドのゴアへ戻り、中国を目指した。しかし中国本土への上陸は叶わず、上川島《じょうせんとう》という島（南シナ海の北端にある）でひとり死んでしまった。１５５２年の12月のことである。

フランシスコ・ザビエルの日本滞在は２年と少しでしかなかった。

そののち、日本にキリスト教集団を形成したのは、ザビエルに残された形の同行者パードレ・コスモ・デ・トルレスの尽力によるものである。トルレス神父。ザビエルにくらべて、あまり名が知られていない。最初の伝来責任者の名前だけを残せば、ほかの者たちについて記憶する必要はない、と我が国では考えているかのようだ。

日本で最初の降誕祭

フランシスコ・ザビエルが日本にいたあいだ、降誕祭はどう過ごしていたのか。

これはわからない。

記録がないのだ。

イエズス会士の布教活動は、彼らがインドやポルトガルや日本にいる仲間に送る報告書《しょ》翰《かん》によって、その内容が判明している。

フランシスコ・ザビエルも大量の書翰を残しているのだが（平凡社の東洋文庫から4分冊として出ている）しかし、日本滞在中の報告書がほとんどないのである。

かれは日本に到着して3ヵ月後、1549年の11月に鹿児島にて5本の書翰を一挙に書いて送ったきり、日本からの報告をしていない。次の書翰は日本を離れた1551年の12月に「マラッカ海峡にて」出されたものである。

1549年の暮れから1551年の離日まで、ザビエルは報告の書翰を送らなかった。

日本での布教は想像以上の辛苦であり、記録を残す余裕がなかったのではないか。

このあとのイエズス会士の日本からの報告書翰を見ると、だいたい降誕祭と復活祭を祝っている。しかもそれを布教の助けとしていたようだから、最初の年からイエズス会士とその周辺の信者たちによって、降誕祭は祝われたはずである。

しかし記録がない。

1549年の12月25日は、鹿児島で降誕祭が祝われたはずである。

1550年の12月25日は、ザビエルは京都を目指して、困難な旅の途上にいたのできわめて簡素に過ごした可能性は高いが、盟友のトルレス神父は長崎の平戸に留まっており、その夜、トルレス神父によるミサが必ず行われていたはずである（その夜、トルレス神父がミサをおこなってない、と考えるほうが無理がある）。

でも、その記録もない。

1551年はザビエルは日本からインドへ戻る旅の途上にあり、トルレス神父らはおそらく山口にいたはずであるが、この年の降誕祭の模様も記録がない。

日本国内で最初の降誕祭の祝いの「記録」があるのは、その翌年1552年になる。

天文二十一年十二月十日は、かれら異教徒の暦では1552年の12月25日となり、山口において降誕祭がおこなわれた。日本の暦からすれば、降誕祭は毎年ちがう日付で行われていたことになり、日本人からすればやはり奇異な風習と集団に見えたのではないか。

日本で行われた（おそらく）4回目の降誕祭が「記録で確認できる日本でのもっとも古い降誕祭」となっている。〝1552年の山口でのクリスマス〟である。

ふつう、これを日本で初めての降誕祭だとは考えないだろう。

かぎられたキリスト教徒たちによる内輪の祝祭は、神父がいた場所で、毎年、おこなわれていたはずである。最初は鹿児島、ついで長崎、山口となる。1552年の山口の降誕祭は「記録で確認できるもっとも古いクリスマス」でしかない。日本最初のクリスマス、という言葉は慎重に使ったほうがいい（ただ、ルイス・フロイスは『日本史』で1552年のクリスマスが、日本で初めてのクリスマス、と記述している（フロイスはこの時点では日本にいない）。日本人が参加した初めての、という意味なのかもしれないが、それは誤謬である。その前三年も日本人信者は同席していたはずである。1552年のものも日本人は信者しか同席していない）。

1552年の降誕祭は、内輪のイベントである。少人数で集まり、夜を徹して祝っていただけである。

都市のどこかでアウトローが集まって賭博をやっていたり、若衆宿《わかしゅやど》で若者が祭りの準備で大騒ぎをしていたり、そういうものと似たようなスケールの、ふつうの人たちにとってはどうでもいい出来事であった（騒がしいと迷惑だけど）。

この、キリスト教とそのイベントに対する他人事感は、16世紀に発し、21世紀のいまも変わりがない。まっとうな大人が相手にするものではない、とこの国ではずっと決まっているかのようである。

日本におけるクリスマス祝祭の醍醐味

では、キリスト教徒側の記録に残る最初のクリスマスはどういう様子だったのか。

これは1554年にインドのゴアからイエズス会士がポルトガルに送った書翰に記載されている。送り手はイルマン・ペロ・ダルカセバである。ダルカセバ助修士。

ダルカセバ助修士による1552年の日本での降誕祭の様子は以下のようなものである。

「ミサを歌い、（…）信者たちはこれを聞いてとても喜んでいた。夜を通してキリスト一代記を語り、ガゴ神父とトルレス神父は六回ミサを行い、ミサを行う理由を説明した」

「キリシタン信者は降誕祭がどういうものかを知ってとても喜んで、住院に宿泊し、第二のミサまで留まり、フェルナンデズ助修士が〝神〟のことを読み聞かせた」

夜を徹して創造主のことを聞いて過ごした。

こういう簡素で真面目な降誕祭である。

翌年1553年の同じ山口での降誕祭の模様もわかっている。シルバ助修士がインドへ送った書翰にその報告がある。

神父の館で、聖書の物語の読み聞かせがあった。天地創造から最初の人間の罪、ノアの洪水、バベルの塔、偶像崇拝の始まり、ソドムの滅亡、ニネヴェの話、ヤコブの子ヨセフの話、バビロン捕囚、モイゼの十戒《じっかい》と出エジプト、預言者エリシャ、ユヂス、ネブカドネザルの像の話が語られ、最後にダニエルの話を読んで夜半となった。そのあとはミサがあり、祈禱があり、歌があった。昼のミサと説教のあと、信者たちは神父と食事をして、貧民に食物を与え、キリストの一生を祝った。

これはキリスト教徒たちによるきちんとした降誕祭なのだろう。

ただ、本書は「キリスト教徒のクリスマスの過ごし方」を探っているわけではない。「キリスト教徒でもない日本人にとってのクリスマス風景」をさかのぼって見ている。そもそも〝日本におけるクリスマス祝祭の醍醐味〟は、キリスト教徒ではなく教義をまったく理解しておらず、ヤハウェもモーセも十戒も知らず、ヤコブの子ヨセフやニネヴェや預言者エリシャなどは名前も聞いたことがない日本人が、イエス・キリスト降誕の日にはしゃぐ、というところにある。

そのため、クリスチャンが（それがたとえ日本人であっても）わが信じるところの主について祝っている、という宗教的風景については深く立ち入るつもりはない。

当時のいくつかの風景を拾っていくだけにする。

説話はやがて「演劇」へ

『イエズス会士　日本通信』（雄松堂書店）という上下巻の分厚い本には、日本での布教の模様を報告するイエズス会士からの１０２通の書翰がおさめられている。中には島津貴久や大友宗麟からの書翰も入っている。発信は１５４９年から１５８０年。

日本で祝われた降誕祭について書かれている部分が22ヵ所ある（39頁表のとおり。降誕祭という言葉じたいが出ている回数はもう少し多い）。重複をのぞくと（同じ降誕祭の描写だとおもわれるものをのぞくと）17回の降誕祭の模様が描かれている。

最初の２つが、いまの山口での１５５２年と１５５３年の降誕祭である。

その後、場所は変わるが、その報告内容は、さほどの違いがあるわけではない。

たくさんの信者があつまり、説話があり、ミサがあり、多くの信者がとても喜んだ。

そういう内容である。

説話はやがて「演劇」へと変わっていった。旧約聖書に書かれている出来事を演じている。世界が創られ、人間は罪深き存在となり、キリストの出現によって世界は救われた。どうでもいいことながら、あらためてキリスト教の世界観というのはずいぶん無理のあるものだとおもう。興味のない人に強要するような内容ではないだろうとおもうのだが、なかなか、世界はそんな穏便には進んでくれなかった。しかたがないとはいえ、残念である。

16世紀の降誕祭は、限られた場所でしか開かれていない。その場所も年によって違う。

1552年と1553年が山口、その後、山口での降誕祭の描写はない。

次の報告は1556年の豊後の府内からである。つまりいまの大分。1560年も大分。

1562年が長崎、1563年は大分、1564年は長崎、1565年は大分。

以降、大分か長崎での降誕祭の報告が続く。おそらく両地では毎年おこなわれていたのであろう。1578年まで、とびとびではあるが、大分か、長崎での降誕祭風景が報告されている。ちなみに「長崎」と言っても、平戸から五島、島原、大村といくつかの別のエリアでの降誕祭の模様が語られている。1ヵ所だったわけではない。

『イエズス会士　日本通信』における「降誕祭」記述部分						
	巻	頁	書翰 No.	差し出し日付	場所	内容
1	上巻	46p	書翰 8	1554 年	山口	ミサを歌い、キリスト一代記を語る。ミサを 6 回、その意味を語る
2	上巻	52p	書翰 8	1554 年	山口	住院に宿泊、デウスのこと読み聞かせ
3	上巻	79p	書翰 13	1555/9/20	山口	アダムより世の終わりまで 6 つの時期の話。貧民に食事を与える
4	上巻	122p	書翰 18	1557/10/28	府内（大分）	悉く集まることを命じる。夜のミサ、聖歌を歌いミサおよび終夜説教
5	上巻	205p	書翰 30	1561/10/1	府内（大分）	数日前より準備した演出。聖書の種々の物語
6	上巻	241p	書翰 32	1561/10/8	府内（大分）	種々の劇。聖体を受けるために告白をするが、聖体拝受は延期
7	上巻	306p	書翰 39	1563/4/17	平戸（長崎）	盛んに祭りを行う。説教。祝日を祝うため贈り物をした
8	上巻	337p	書翰 41	1563/11/17	横瀬浦(長崎)	力の及ぶかぎり祝う。聖書中の多くの事件を見せた
9	上巻	389p	書翰 43	1564/10/3	度島、平戸（長崎）	及ぶかぎり会堂の装飾に努める。旧約中の話、世界の創造など
10	上巻	405p	書翰 44	1564/10/9	府内（大分）	聖書の秘儀を演出。アダムよりノアにいたる物語を日本語で歌う
11	上巻	415p	書翰 46	1564/10/14	府内（大分）	甚だ盛んに行う。演劇、第一のミサ。饗宴あり
12	下巻	6p	書翰 50	1565/9/23	生月（長崎）	祈り、聖書中にある秘蹟を見て過ごす。ミサ。説教
13	下巻	77p	書翰 60	1566/9/16	府内（大分）	装飾、厩舎を設置。縁側も設け演出。ミサ。進物を持参
14	下巻	83p	書翰 61	1566/10/20	島原（長崎）	日本において初めて荘厳なるキリスト教の式を悉く備えて執行
15	下巻	134p	書翰 65	1567/9/27	府内（大分）	聖書の話を演出する。親戚の異教徒も多数来観
16	下巻	148p	書翰 68	1567/10/26	五島（長崎）	ミサ。降誕の説教。晩餐
17	下巻	185p	書翰 74	1569/8/15	大村（長崎）	鶏鳴のミサ。説教。25 日演劇、雨で翌日に延期、二千余人の客
18	下巻	219p	書翰 78	1570/10/12	志岐（長崎）	馬小屋を真似て、あとちゃんとできなかった話
19	下巻	246p	書翰 80	1570/10/21	口ノ津(長崎)	多くの演劇、つくりものおよび、日本語の歌をもって祝す
20	下巻	285p	書翰 87	1571/10/16	大村（長崎）	告白をなして終夜過ごす。聖体を受ける
21	下巻	299p	書翰 90	1576/9/9	府内（大分）	少年天使の仮装、降誕の夜の秘儀を語る。午後、寺院を破壊して歩く
22	下巻	440p	書翰 100	1579/12/10	臼杵（大分）	降誕祭の夜、ひざまずき 3 回のミサ、宗麟聖体を受ける

註：降誕祭の記述は、差し出し日付の前年に行われた降誕祭を指しているものが多い

人気は高かった

戦国時代の降誕祭にも〝キリスト教信者でない日本人たち〟は参加していた。そういう記録がある。たとえば1566年の豊後府内（大分）での降誕祭。

アダムからノア、ヨセフ、モーセの物語の演劇がおこなわれた。「この祝日にはキリシタンのみならずキリシタンの親戚なる異教徒多数来観せり」とされている。キリスト教信者でないふつうの日本人も多数来たのである。制限を加えなければいろんな人が来てしまいそうなのでキリシタン信者に紹介された者たちだけが入れるようにしたらしい。

大人気である。ただ、これは「芝居」に対する人気であろう。娯楽の少ない時代であるし、そもそも人が人を演じるという〝芝居〟そのものを観たことがない人ばかりだったのだろう。その魅力に引かれて多くの人が集まったのだとおもわれる。

次いで1568年の長崎の大村での降誕祭。

大きな舞台を造り、桟敷を設けて希望者すべてに見せようとした。信者の家族や、異教徒も集まったので二千人あまりになった、とある。少しオーバーな数字におもえるが、話半分だとしても多い。長崎での降誕祭は熱狂的だったのだろう。長崎港周辺は、この11年後にはイエズス会に寄進され、教会領となったくらいである（日本国内にヨーロッパの飛び地があったことになる）。

もちろん「キリスト教信者以外の者」を祭りの場に入れるのは、やがて信者としたい目論見からなされていることである。じっさいにそれから信者になった人もいたはずだ。

ただもとは「異国の文化」が物珍しく、集まってきた、という側面がある。キリストの教えには興味がなくても、異国文化に対する憧憬から近づいていく人は、戦国の昔からいたわけである。いまの日本人の心境とあまり変わりがないようにおもう。

ルイス・フロイスの精神

「イエズス会日本通信」と同時期の日本について、詳しく書いたポルトガル人がいる。

ルイス・フロイス。

彼の書いた『日本史』は、いまでは中公文庫で12冊になって出ている。

フロイスは16世紀の日本にやってきたイエズス会の司祭である。1563年32歳のおりに来日、1597年長崎にて66歳で没するまで、一時期マカオに滞在した時期をのぞき、戦乱期の日本を30年余、目撃しつづけていた。信長より2歳、秀吉より5歳年長である(1992年のNHK大河ドラマ『信長　KING OF ZIPANGU』の語り部役を担っていた。アテブレーベ、オブリガード、と毎回最後に語っていたのがフロイスである)。

『日本史』は、日本でのキリスト教布教史である。自発的に書いたものではなく、ポルトガル本国から日本の布教の歴史を書くように依頼があり、それに基づいて執筆した。彼が来日する前の「ザビエル、トルレスの日本上陸」から40年余の日本について描いている。

これまた、「日本人全員をキリスト教徒にして、いつの日か日本全土をキリスト教国たらしめんための、その途中経過」という体裁で書かれているため、キリスト教徒ではない日本人の私から見れば、異様だとしかおもえない記述が目立つ。

あらためて、イエズス会士たちの目的は「日本古来の習俗を廃し、神社も仏閣も仏像も破壊して、この島国の隅々までをキリストの国にすること」にあったのだとおもいいたる。きわめて暴力的な存在である。あまり中世の宗教をなめないほうがいいとおもう。

フロイス自身も「日本の祭儀はすべて悪事の張本人である悪魔によって考案されたものである」（中公文庫3巻51章冒頭）と明記しており、つまりお正月のお祝いも、節分も、お盆の墓参りも、秋の収穫祭も、すべて「悪魔によって考えだされたもの」なのでやめさせなければいけない、と強く信じていたわけである。真剣に読んでいると、かれらの圧迫してくる精神に（日本の習俗をすべて廃させようとするその心根に）とても疲れてくる。ほんと、よくぞ国を鎖《とざ》してキリスト教徒たちを追放してくれたものだと、個人的にではあるが、あらためて秀吉・家康ラインの政策をありがたくおもってしまう。

フロイスの『日本史』は足利13代将軍義輝の時代から、秀吉が中央政権を握った時代の日本の風俗を細かに描写している。〝16世紀の日本のクリスマス〟に関する記述も多々ある。中公文庫版全12冊には「日本国内での降誕祭に関する記述」は、36ヵ所あった（これ以外にも「降誕祭の八日前に、それまで知りもしなかった旅路についた」というような、日付の目安として使われているが、そういうのは省いてある）。

36ヵ所すべて、次頁表にあげておく。先に紹介した『イエズス会士　日本通信』に描かれている降誕祭といくつか重複している。淡々と降誕祭の様子を記述した箇所も多い。

京都での布教活動

以下、フロイス『日本史』に描かれている降誕祭の描写のうち、いくつか印象的な「戦国時代末期から安土桃山時代にかけての日本のクリスマス風景」をピックアップする。

『イエズス会士　日本通信』は九州エリアでの描写が多いが、『日本史』では京都を中心とした〝都エリア〟での布教活動にも多く頁を割いている。

京都での最初の降誕祭は、1562年に祝われた。

ヴィレラ司祭らが京都に入ったのは1559年であり、最初は四条新町、のちに四条烏《からす》

フロイス『日本史』における「降誕祭」記述部分						
	概要	文庫巻	文庫頁	原典部	原典章	年
1	京都初の降誕祭	1巻	131p	1部	34章	1562年
2	休戦中の京都の降誕祭	1巻	138p	1部	35章	
3	京都で夜通し石を投げられる	1巻	141p	1部	35章	
4	贖宥を届けた京都の降誕祭	1巻	190p	1部	54章	1562年
5	1562年京都の降誕祭	1巻	191p	1部	54章	1562年
6	堺の司祭館の降誕祭	2巻	33p	1部	75章	1566年
7	京都で降誕祭のために一屋を借りる	2巻	34p	1部	75章	
8	堺の対立教徒たちの降誕祭	2巻	55p	1部	76章	1567年
9	大坂初ミサ	4巻	30p	2部	57章	1583年
10	文禄の役中の対馬での降誕祭	5巻	239p	3部	51章	1593年
11	山口での初の降誕祭	6巻	85p	1部	8章	1552年
12	山口初の降誕祭にガーゴ師が来る	6巻	94p	1部	9章	1552年
13	豊後の降誕祭	6巻	153p	1部	17章	(1557年か)
14	豊後の降誕祭（降誕祭の付記）	7巻	25p	1部	53章	
15	大友宗麟の降誕祭での告白	7巻	232p	2部	13章	
16	府内から退出した信者の降誕祭	8巻	206p	2部	86章	
17	野津のリアンの自宅の降誕祭	8巻	307p	2部	131章	
18	降誕祭には司祭が必要とされていた様子	9巻	14p	1部	42章	1562年
19	平戸の立派な降誕祭	9巻	17p	1部	42章	1562年
20	横瀬浦で司祭不在の降誕祭	9巻	23p	1部	42章	
21	高瀬の藁葺き小屋で餅を配る降誕祭	9巻	112p	1部	49章	
22	度島の教会、男子と女子が整然と分かれ着席ミサ	9巻	125p	1部	50章	
23	平戸での降誕祭	9巻	182p	1部	63章	
24	平戸での降誕祭での劇	9巻	198p	1部	68章	
25	コンスタンチイノが京都降誕祭に教え子を連れてきた	9巻	319p	1部	96章	
26	下関でダミアン死去	10巻	120p	2部	11章	
27	籠手田ドン・アントニオは降誕祭時期に死んだ	10巻	163p	2部	24章	1581年
28	安徳城主が9歳児を連れて降誕祭に有馬の教会へ	11巻	162p	2部	108章	
29	島原と三会への司祭の訪問	11巻	194p	2部	114章	
30	五島で降誕祭に向けての教会設立	11巻	214p	2部	117章	
31	降誕祭で見つかった自然の十字架	11巻	351p	3部	3章	1589年
32	司祭が潜伏中の豊後での降誕祭	12巻	137p	3部	29章	1591年
33	山の中の神学校での別世界のような降誕祭劇	12巻	160p	3部	33章	1591年
34	教会での降誕祭が禁じられた状況	12巻	194p	3部	35章	1593年
35	役人を懐柔して祭りを遂行	12巻	240p	3部	42章	
36	領主の私邸で開かれた降誕祭	12巻	241p	3部	42章	1593年

「日付」や「祝祭日の日付」として「降誕祭」の文字が使われていた箇所						
1	ザビエル旅立ちの日付基点として	1巻	24p	1部	4章	1550年
2	フロイス師が豊後から堺へ向かう旅の日付	1巻	201p	1部	56章	
3	都のキリシタンが司祭なしに行ったことの列挙	3巻	282p	3部	18章	
4	司祭が日本語習得のための時期設定	9巻	264p	1部	73章	
5	コンスタンチイノが尾張から来る祝日としての列挙	9巻	318p	1部	96章	
6	副管区長が長崎にたどりついた日の基点	11巻	55p	2部	82章	
7	祝祭日としてただの羅列	11巻	80p	2部	91章	
8	副管区長の移動の日付	11巻	132p	2部	105章	
9	副管区長の移動の日付	11巻	152p	2部	108章	1587年
10	祝祭日としての一般論	12巻	48p	3部	11章	
11	通過点的な日付	12巻	215p	3部	36章	

丸《まる》から蛸薬師《たこやくし》室町《むろまち》と移り、周囲の抵抗はあったが、将軍義輝の庇護《ひご》を受け布教をつづけた。

1562年の京都での初めての降誕祭では、百名近くのキリシタンが集まり、「一晩中祝って過した」と記されている。ただ「異教徒たちは、夜通し教会に投石した」とあるように、周辺住民からの抵抗は大きかった。気味悪がったのだろう。

それでも将軍義輝は、キリスト教団の布教を容認した。京都の中心部である室町通り沿いに司祭館を構え、そこでキリスト教行事を執り行っていた。

しかし、1565年、庇護者であった将軍、足利義輝が弑殺《しさつ》される。源実朝《さねとも》のときのような暗殺ではなく、白昼堂々と軍団によって襲撃され征夷大将軍が殺された日本史上稀有《けう》の出来事である。

キリシタンたちは庇護者を失い、京都を追放された。堺に居を移した。

意図的なミスリード

1567年の堺での降誕祭では、すこし不思議な風景が現出する。

ルイス・フロイスが描いた風景から、これを間違って「戦国時代の〝クリスマス休戦〟」ととらえる向きがあるが、実体はそういうものではない。

「降誕祭になった時、折から堺の市《まち》には互いに敵対する二つの軍勢がおり、その中には大勢のキリシタンの武士が見受けられた」

　このところが前提である。

　堺の町に、敵対する二つの軍勢(明記されていないが、おそらく松永軍と三好軍)がいたが、べつだん戦闘状態であったわけではない。それにこの時期、片方の大将である松永久秀は堺から遁走《とんそう》していて(ないしは堺に潜伏していて)、戦端を開くような状況にはない。そのとき「かつて戦った敵軍のキリシタン」が降誕祭で同席したというだけの話である。

「キリシタンたちは、自分たちがどれほど仲が良く互いに愛し合っているかを異教徒たちによりよく示そうとして(…)住民が会合所にあてていた大広間を賃借りしたいと申し出た」「その部屋は、降誕祭にふさわしく飾られ、聖夜には一同がそこに参集した」

「そのなかには七十名の武士がおり、互いに敵対する軍勢から来ていたにもかかわらず、あたかも同一の国主の家臣であるかのように互いに大いなる愛情と礼節をもって応接した」

「祭壇の配置やそのすべての装飾を見ようとしてやって来たこの市《まち》の異教徒の群衆はおびただしく、彼らは中に侵入するため扉を壊さんばかりに思われた」

　これが堺での１５６７年の降誕祭風景である。

これを強引に戦国時代のクリスマス休戦と言うのは「1914年欧州大戦でのクリスマス休戦」のイメージが先にあり、無理に日本の戦国時代に適用しようとして、誤解を広めただけだとおもう。1914年の独英戦線は激しい戦闘中にクリスマスの日だけ休戦したのだが、1567年の堺では休戦しようにも戦闘が存在していない。これをもって「戦国時代のクリスマス休戦」と紹介したのもまた、キリスト教徒による意図的なミスリードに感じられる。

この1567年の堺の降誕祭では、それよりも「装飾を見ようとしてやってきた（キリスト教徒側から見ての異教徒＝つまりふつうの日本人の）群衆が、中に侵入するため扉を壊さんばかりだった」という部分が興味深い。物見高い都市の人々は、何だかわからないけどひと目みたいという気持ちに突き動かされて蝟集《いしゅう》したのだろう。

そのへんの心持ちは、数世紀の時間を超えても、何だかわかる気がする。

信長と秀吉の考え

1568年、織田信長が京都へ入る。

信長は、キリスト教の有力な保護者であった。

かれ自身は、創造工夫や、安定治安の能力も高かったとおもうが、長い歴史の目で見るならば、信長の歴史的な役目は「中世の破壊」にある。彼の後継者となる羽柴秀吉と徳川家康は、安定と維持を担当するため「キリスト教の完全排除」に向かうが、破壊係の信長は、キリスト教を保護した。「中世の破壊」の一端を担わせるために、キリスト教を積極的に利用していった、と考えるとわかりやすい。

信長の入洛以降、秀吉の伴天連《バテレン》追放令まで、つまり1568年より1587年までの20年間は、日本中央政権は、キリスト教宥和政策をとっていたことになる（1568年ころにはまだ中央政権と呼べるものではなかったのだが）。

信長の時代には、京都や安土に大きな教会を建立した。

信長の本能寺での横死（1582年）のあと、秀吉が大坂の町を作り直し、そこに新しく教会が建てられた。高山右近の尽力によるものである。

1583年の降誕祭は、大坂の教会で開かれた。「主の御降誕の祝日に、大坂の教会で初ミサが献《ささ》げられた。諸国から参集した男女のキリシタンの数は異常なばかり」とある。

しかし秀吉はその4年後（1587年）に、九州で突如、「伴天連追放令」を出す。

〝キリスト教徒を日本においておくことはできない、それぞれの国へ帰れ〟

そういうお触れを出した。

ただキリスト教国との貿易は継続していたので、追放令は徹底されなかった。

公然とした布教活動は控えられたが、ひそかに信者を増やしていた。降誕祭も、ひそかに祝われる。たとえば、１５９１年、豊後でのひそかな降誕祭の模様が描かれている。

「司祭たちが潜伏していた僻地において、彼らになし得る限りの盛大さをもって（一五九一年の降誕祭が祝われた」

雪のなか、15里や20里もの遠方からやってきた人も多く、大勢のキリシタンが集まって、その数は２０００人に達したという。追放令以降、それぞれに危機感を抱き、降誕祭となると司祭のいる場所へみな何とか参集しようとしたのであろう。

信仰の確認のための祭り

もうひとつ、少し変わった降誕祭。

秀吉の指揮下、１５９２年、日本全国の大名軍は、明国討ち入りのため、朝鮮半島に上陸する。先陣を飾ったのはキリシタン大名の小西行長である。１５９３年、戦線が膠着《こうちゃく》して休戦となり朝鮮南部に駐留していたおり、行長はここへキリスト教司祭を送ってもらえないか、と日本準管区長ゴメス司祭に依頼する。グレゴリオ・デ・セスペデスが派遣された。彼は、クリスマスに小西行長のもとへたどりつこうとしていたようだが、途中、嵐に遭い、対馬で足留めを食い、そこで降誕祭を迎えることになった。土地の者の協力を得て、降誕祭が祝われた。〝1593年の対馬の降誕祭〟である。その様子が報告されている。

伴天連追放令以降は、キリスト教信者以外にはなるべく目に触れないようにして、しかし熱心な降誕祭は開かれていたようである。

ただ、信者ではないごくふつうの日本人にとっては目に見えない存在となっていった。「キリスト教徒ではない日本人にとってのクリスマス」は、1587年の伴天連追放令によって姿を消したのである。

「16世紀日本のクリスマス」は、こういう風景のなか、祝われていた。あくまで信者たちによる、信仰の確認のための祭りである。

仏教徒にとってはあくまでも他者の祭りであった。ただどこかしらに「厳かで蠱惑的」という魅力を感じていたようである。しかし徹底的に排除され、きれいに消えてしまった。現代に続くクリスマスは、19世紀になってからの系譜のなかにある。戦国期のクリスマスは、いまの日本のクリスマスとはつながってはいない。断絶している。

3章　隠れた人と流された人の江戸クリスマス

鎖国の真実

17世紀、江戸にあった中央政府は〝鎖国令〟という名の触れは出していない。

かれらがおこなったのはキリスト教徒を日本国から締め出すことであった。

徳川家康は１６１３年の暮れに「伴天連追放」を全国に公布し、その一掃をはかった。

日本古来の秩序を乱すものとして、その存在を許さなかった。

ただその信者数はかなりの数におよび、全国に広がっていた。禁教令を出したくらいでは、その影響力を途絶させることはできない。キリスト教国との貿易は継続したため、商人に身をやつした宣教師が国内に潜入するのを止めることはできなかった。

そこで政府は徹底をはかることになる。

まず御用商人が扱っていた外国との貿易を、中央政府の管轄においた。

カトリック教国であるポルトガルの人は、商人とキリスト教布教者の区別がつきにくく、彼らを出入りさせているかぎりキリスト教追放は成り立たぬと判断し、ポルトガルとの国交を断絶、ポルトガル人を追放し、今後の入国を禁じた。

キリスト教国ながらプロテスタントのオランダ国は、商人と布教者の区別がついているように見えたので、長崎のみに窓口を限定し、その交易を続けることとした。もうひとつ貿易を続ける中国船の出入りも長崎に限定した。

また、日本人の海外渡航と、在外日本人の帰国を禁じた。これを許しているかぎり、やはりキリスト教との縁が切れないからだ。

「ポルトガルとの国交断絶」「オランダ・中国との交渉を長崎に限定する」「日本人の海外渡航と海外からの帰国の禁止」、この三つの沙汰をもって鎖国令と呼ばれている。このままの状態では、日本はやがてキリスト教によって国の秩序が保てなくなる、との判断によって、こういう処置をしたまでである。国を鎖《とざ》したのは結果であって「これから国を鎖すぞ」と宣言したわけではない。

事実、200年を越えて、日本国は平穏な時代を過ごした。

鎖国状態は、別のいいかたをすれば、「外交に関して一切すべてを中央政府が引き受け、処理し、その内容も公開しないこと」である。海外の情報を細かに知ることはできないが、またそのぶん、どうしようもない外交的諸問題について一般人が思い煩うことがない。これはふつうの日本人にとって、かなりの安寧をもたらす状況だと、私はおもう。

17世紀の半ばまでに、国内のキリスト教徒を国外追放か処刑した中央政府は、キリスト教徒が一人たりともいない国を作った。少なくとも、私はキリスト教徒であると表明する者は一人としていなかった。

隠れキリシタンが存続する支柱

徳川中央政府がキリシタン追放を本格化しはじめたのは1614年である。

まず、棄教しない者たちを国外に追放した。

このとき、キリシタン大名の高山右近は加賀前田家でほぼ隠居状態にあったのだが、追放令に従い、長崎からマニラに向かうことになった。長崎で船便を待つあいだに復活祭の時期となり、集められた数千の信者たちは、処刑前のキリストを真似て十字架を背負い、鞭打《むち》たれ、行進をつづけた。禁教下における示威運動ではあるが、おそらく追放される者たちだからと看過されたのであろう。関係ない者にとってはただの騒擾《そうじょう》であり、よけいにキリスト教に対する反発心を生んだのではないか、とおもわれる。

これが日本でおおっぴらにおこなわれたキリシタン祭礼の最後である。それ以降、今日にいたるまで信者によるここまでの熱狂的な祭礼はおこなわれていない。

日本国内にはキリシタンは存在しなくなり、当然、クリスマスも存在しなくなる。目立つかたちで降誕祭が祝われることはなくなった。

隠れキリシタンという人たちは存在していた。

ただ、隠れているかぎりは「キリスト教の祭礼」をおこなえない。潜伏キリシタンという用語もある。ただ、どちらの用語も実体をうまく反映できていないようにおもう。彼らは社会から「隠れ」たり「潜伏」していたわけではない。グアム島やルバング島の密林に身を隠して味方の勝利を待っていたわけではなく、捜査の網をくぐり人目につかない場所に潜伏していたわけでもない。

〝隠れキリシタン〟と呼ばれる人たちは、きちんとそれぞれのエリアの領民として、ふつうに暮らしていた。また宗門改めがあるので、かならずどこかの寺の信徒として登録されている。この時代の村は共同体の性格が強く、構成員は（つまり村人は）かならず村落での共同作業を分担した。みんなで分担しないと生活が成り立たないのだ。村の鎮守のお祭りでも役目を果たし、葬式や婚礼を手伝い、年貢を負担し、ほかの共同構成員と同じ仕事をした。仏教徒であり、神社の氏子であり、そのうえで、みなにわからないようにキリスト教的な信心を持っていたばかりである。

村落共同体から、村人が一挙に離脱すると村そのものが立ち行かなくなるので、信者と非信者が混在しているエリアでも（ほとんどの隠れキリシタン村はそうだったらしい）、一村総員がキリシタンという村はなかった）、あの家はキリシタンだという告発がなされることは少なかった。非信者は「あそこは家の事情でそういうことを守っているらしい」と黙って見過ごすのが隠れキリシタンに対する一般の扱いであった。

神父がおらず、宗教的指導者を欠いた状況で隠れキリシタンのよりどころとなったのは〝先祖伝来の作法〟である。キリストの教えからすれば、ほぼ対立概念と言っていい先祖崇拝が、隠れキリシタンが存続する支柱となっていった。

それぞれの信仰方式

隠れキリシタンも、それぞれクリスマスやイースター（復活祭）は祝っていた。

ただ、西洋の正確な暦がわからない。それぞれの小さい集団ごとに、それぞれのルールで独自に祝っていた。

たとえば、クリスマスは「霜月祭り」と呼ばれたり「お待夜《たいや》」や「ご産待ち」、「御身のナタラ」と呼ばれたり、地域によって呼称が違う。

霜月祭りは、西洋の暦の12月が、日本では11月にあたるので、そのまま霜月祭りと呼ばれていたわけで、これはもう、クリスマスではなく霜月祭りでしかない。

お待夜やご産待ちとなると、キリスト誕生の日が、安産祈願の日へと変質していった。そもそもクリスマスは、人が誕生した日ではなく、神の子が人の形をとって降誕した日である。ふつうのお産とは違う。それが安産の日となっているなら、それはキリスト教と関係ない土着信仰でしかない。

これらは本書でとりあつかっている「信者でない者も巻き込む異教徒の祭りクリスマス」とはまったく関係ないものになっている。観音像の形をしたマリア様や、掛け軸に描かれたイエス様などを祈禱するのがおもな行事だったのだろう（ただ、ローマ教皇庁は、かれらもまたカトリック教徒であったとの認定を、近年になっておこなっている）。

エリアによって呼び名が違うのもしかたない。狭いエリア内では隠れキリシタンどうしは連絡を取り合っていたが、日常生活圏を越えた別エリアの隠れキリシタンと連絡を取るわけにいかない。それぞれのエリアで、それぞれの信仰方式を深めていくばかりである。

当時、隠れてキリスト教信仰を続けているらしい、とほぼ把握していた為政者もあった。ただ、反乱騒擾の気配を持たず、きわめてまじめな村人として暮らしているかぎりは、あやしくとも見て見ぬふり、という扱いだった。何度か、隠れキリシタンだとの通報により捕縛された者があったが、そのおり、かれらはその信仰を否認した。先祖から伝わった祈禱を意味も知らずに唱えていただけ、と弁明し、それで許されることが多かった。

江戸中期よりは、キリスト教信仰を捨てない彼ら〝隠れキリシタン〟ではなく、べつのところに出現した「妖しげな信仰に人を巻き込んでいく者」がキリシタンと呼ばれ、捕縛、処刑されていった。

為政者にとって大事なのは社会の安寧である。隠れたり潜伏した江戸期のキリシタンには社会転覆の意志をあまり見出さず、見逃されていたことが多かった。

隠れキリシタンというと、人目を忍んで洞窟に集まり祈禱したというイメージを抱かれることがある。私もそういう絵をみた覚えがある。しかし、実際に洞窟に潜んだのは、明治維新後のことである。明治になってもキリスト教禁止政策は変えられず、キリスト教の信仰は犯罪であった。開国し、宣教師が日本にやってきたので、信者表明をしてしまい、当局に追われ、洞窟に逃げ込んでいた時期があったのだ。私が見た絵も、それだったのだろう。江戸期を通して、その存在そのものが社会から消えた逃亡者として生きていたわけではない。そんなことは不可能である。

隠れキリシタンが祝っていたクリスマスは、いろんな意味でクリスマスではなかった。

漂流者たちの見聞

これとは別に、江戸政権期のクリスマスについて、私が興味を抱くのは「漂流者たちの見聞」である。

海外の国との国交をほぼ断絶している時期、長崎の交渉役人以外で海外の文化に直接ふれた者たちとしては、この〝漂流者〟がいる。

多くは回船業者である。

仙台から江戸をめざしていた回船や、紀州和歌山から江戸をめざしていた回船などが暴風によって沖に流され、黒潮海流に乗り、遠くアリューシャン列島などに漂着し、ロシア人ないしはアメリカ人に救出され、やがて日本に帰着した。

江戸期、この漂流者たちはかなりの数にのぼった。

救出され、日本に帰国できた者たちだけでも、何十人にもおよぶ。ロシアなどの漂流地でそのまま暮らし続けた者もいた。漂流し、その後助けられることなく消えていった者たちの数は、膨大なものになるだろう。

漂流民は、アメリカの捕鯨船やロシアの商船に助けられ、ときに日本に送致された。帰国した漂流民は、キリシタンになっていないかどうかの調べを受けたあと、海外で見聞したことを聞き取り、記録された。聞き取りは、当代一流の学者によっておこなわれた。

それらには海外の民の諸生活を記したものが多い。

「北槎聞略」が描く降誕祭

おもだった漂流記5つに目を通した。

「北槎聞略《ほくさぶんりやく》」「環海異聞《かんかいいぶん》」「船長《ふなおさ》日記」「蕃談《ばんだん》」「漂巽紀略《ひょうそんきりやく》」

残念ながらクリスマスに関する記述はごくわずかであった。

明確に記されていたのは「北槎聞略」である。

のち井上靖の『おろしや国粋夢譚』などにも描かれた大黒屋光太夫の漂流記である。

駿河《するが》沖から流され、アリューシャン列島に漂着した大黒屋光太夫は、カムチャッカ経由でロシアの首都ペテルブルクにいたり、女帝エカチェリーナ2世に拝謁までしている。やがてラクスマンにより護送され、日本に帰着する。江戸で、海外の事情の聞き取りを受け、それを桂川甫周《かつらがわほしゅう》が「北槎聞略」という文章にまとめ、いま、岩波文庫にも入っている。

「北槎聞略」「巻之八　年中行事」の項目に、降誕祭に関する記述がある。

「十二月二十四日にヱネラル・ヘルトマルシャルの宅にて祭あり」（岩波文庫204頁）との記述で始まっている。降誕祭との表記はなく、祭りとなっている。陸軍元帥の家で、お祭りがあった、との記述である。

以下、だいたいのところを現代語に直してみる。

「この祭りは三人が輪番で請け負い、この祭りに対しての膨大な手当もきちんと支払われている」「この祭りの次第は、木で三座の山を組み立て、その上に衣服、袴《はかま》、裏脚《きやはん》、護領《えりまき》、手巾《てぬぐい》などを夥《おびただ》しく打ちかけておき、朝から国王も来臨される。高楼に登って宴が催され、未《ひつじ》の刻ばかりに号《あいず》の鐘が鳴らされると、老若貴賤がうち混じりその品々を争い取り、山をも打ち砕いて取り去っていく」

光太夫が見たときは、ポチョムキン（グリゴーリイ・アレクサンドロヴィチ・ポチョムキン、1739―1791）という人の屋敷でおこなわれた。ポチョムキンは、女帝エカチェリーナ2世の寵臣《ちょうしん》で、愛人だったとされる重臣である。のちに彼の名を取った戦艦が建造され、そこで反乱が起こり、映画のタイトルにもなった。

ヤマを組み立てて、そこに衣服が打ち掛けられ、それを取り合うという風景がきわめて不思議である。おそらく降誕祭での贈り物の一種なのであろうが、かなり破壊的な要素が強い。カトリックの降誕祭の雰囲気とはずいぶんと違う。たぶんに土着的な要素が入っている。クリスマスに先行して存在した〝ローマ帝国の冬至の破壊的な祝祭〟の気分を残してるかのようである。

ロシアにいる漂流民たちは、その地でキリスト教信者になってしまうと国禁を犯したことになり、帰国できなくなる。そのため、キリスト教行事へ積極的に参加していたわけではない。異国の〝お祭り〟として見物し、記憶に留めていたようである。

「北槎聞略」には、イルクーツクの聖僧について記述がある。

「巻之四　渉歴地名・風土・人物」の「イルコツカ（イルクーツク）」の項目（岩波文庫84頁）。

「イルクーツク近くのバイカル湖畔にニコライという伝説的な司教の遺骸が安置されていて、毎年四月はじめのニコライ祭にて、その遺骸を拝む。神に召されてすでに七百年経っているが、その遺骸は朽ちず、その顔も生きているようだという」

いわゆる4世紀の「ミラのニコラウス」伝説が形を変えて伝わっている。

伝説によれば、ニコラウスはローマ帝国のリキュア属州（現在のトルコ）のミラという地において、かずかずの奇蹟を起こし、死後、遺体が朽ちなかった。11世紀にセルジューク朝トルコがその地を征服したおりに、イタリア人の手によってイタリアに移され、南イタリア・バーリのサンニコラ教会に現在も安置されている。

これが光太夫によれば、11世紀ころにモスクワで活動し、その遺体はイルクーツクにある、となっている。興味深い異伝である。

また光太夫は、復活祭についても記述している（岩波文庫２０１頁）。

「俗伝によるとキリストヲイといえる人は、聖母がまじわりなくして妊娠し降誕した人で、在世のうちに数々の善事を行ったのだけれど、極悪人がいて彼を讒詛《ざんそ》し、キリストヲイを十字架にて磔《はりつけ》て殺害した。いくつもの奇蹟を起こした者なので、また、蘇生することもあるかもしれぬと死骸を石櫃《いしのからふと》におさめ土中深くに埋め、百人余りの兵に見張らせておいたが、死して七日めにその石櫃は自然と土中より涌き出でて、空を越え、天に昇った」

キリストの生涯と復活が、簡潔にまとめられている。

「いまに至るまで、この教えを信じる者はこの日を祭る」「どれだけ貧しく賤しい者でもこの日は新しい服を着て、酒食をもうけて、七日間は家業をやめて遊び暮らし、教会に詣で、遊技場などに行って楽しむ。われわれの正月のようなものである」

という理解も示している。

庶民から見た異国への感覚

残りの漂流記にはクリスマスについて書かれたものはない。

「環海異聞」は、はからずも世界一周して帰国した津太夫《つだゆう》の漂流記録である。ここではロシアでの二月大祭ケレストゼンが紹介されている。「七日のあいだは男女ともに遊び楽しんで、往来している人々は相互に染めた卵を交換する」と紹介している。イースター（復活祭）エッグのようだ。

「船長日記」は484日（およそ1年4ヵ月）漂流した小栗重吉の漂流記録。

カムチャッカでの3月の祭りについて「キリシタンの本尊のまつりではないかとおもうことあり」と記されている。寺から代官が出てきて、みなの口をなめた、というのを驚きをもって記している。ちなみに重吉も舐められ、逃げ帰ったらしい。

「蕃談」はハワイに漂着し、ロシアに運ばれた次郎吉たちの記録。

「11月から12月のころ、神のために一週間パンとバターを断つ習慣がある。そして人に会うと必ず懺悔をし『今までのあやまちを許して下さい』と頼む」そういう祭りのことを記している。ただ、これは春の復活祭の祭りを、降誕祭と混ぜて記憶していたようで、クリスマスの記録ではない、とされている。

土佐のジョン万次郎の「漂巽紀略」にはキリストの祭祀に関する記述はなかった。

漂流記に見る「異国の祭祀」は復活祭の記録が多く、降誕祭よりも大事にされていたことがわかる。また、江戸期の庶民の異国への感覚も想像できる。

かれらは仏教と神道を基本とした日本の伝統的な信仰を大事に生活しており、異国の習俗を見ても自分たちの習俗と常に比較している。キリストのことを〝仏祖〟などと呼び、それは自分たちでいえば仏様のことなのだな、と理解しようとしている。異国の人も同じ人たちだという感覚を保持しており、奇妙な偏見を持っていない。

あらためて生活人としての強さを感じる。

鎖じられた国内においては、キリスト教徒とは「妖しい術」を使う者とおもわれることもあったが、現地において見物しているかぎりは、偏見なくふつうの生活の一部として見つめている。冷静な視点である。

キリスト教排除が徹底されていた江戸時代の、数少ない〝庶民のキリスト教観〟がわかる資料である。

（本稿の隠れキリシタンの叙述に関しては『潜伏キリシタン』（大橋幸泰　講談社選書メチエ）から教示された部分が多い）

4章　明治新政府はキリスト教を許さない

開国しても切支丹にしない

明治になっても、日本ではキリスト教は厳しく禁止されていた。

明治政府も切支丹を敵視していた。そう考えたほうがいい。

開国して米英仏露などの異人がやってきて、また宣教師も続々と入国してきた。徳川政府はもちろん、それを倒した薩長による維新政府も「切支丹は固く御制禁」であった。

徳川政府が倒れ明治になるとキリスト教は自由に信仰できた、という印象を持たれることがあるが、そんなことはいっさいない。

見ようによっては、明治以降のほうがより厳しくキリスト教は禁じられていたと言える。

開国以降の日本のクリスマスを細かく見ていくためには、とくに〝明治期の日本のキリスト教状況〟を見ておかないといけない。そうしないと、クリスマスが誰に向けてどこで開かれていたか、わかりにくくなる。

1853年にペリー提督がやってきて、威圧的に日本を開国させた。

もとより〝鎖国〟という状態は、日本国内にキリスト教徒をおかず、キリスト教徒である外国人を日本人と触れさせない、ということを目的に遂行された政策である。

無理やり開国させられたとしても、その政策が守られれば、徳川政府としては何とか一線を守れることになる。開国しても日本人を切支丹にしない、そこが大事なのだ。

徳川政府はそういう方針を採った。異人のキリスト教徒がやってきて、自分たちだけのために教会を建て、自分たちだけでその宗教を祀《まつ》っているのはかまわない。ただ、ぜったいに日本の宗教に干渉しないよう、取り決めている。

キリスト教徒たる外国人が住むエリアを指定し、日本人と接触しないように計らった。

居留地である。

関東では、横浜港に大きな居留地を作り(それまで何もなかった寒村であった)、東京の築地にも居留地エリアを作った。あとは、大阪、神戸、函館、長崎に限定して住まわせた。

国内日本人に向けては、切支丹は御制禁、という施策は変わらない。

しかしキリスト教側は布教をもくろみ、宣教師がつぎつぎとやって来る。

長崎の浦上村の潜伏キリシタンが、大浦の教会にやってきて宣教師と接触し、その影響から仏教式の葬式を拒否したことがあった。当然、社会の安寧を乱すものとして、一挙に捕縛された。浦上四番崩れと呼ばれる事件である。１８６７年の徳川政府最末期に起こった事件なので、最終処理は明治政府がおこなうことになった。

明治新政府は、死罪にはしなかったが、流刑にした。多くの者が流刑先で獄死した（流刑先は、萩、津和野、福山）。

新政権になっても、キリスト教のことは固く禁じられていた。

西洋諸国はこの対応を非難した。キリスト教の国とすれば、キリスト教徒を認めない国は不気味だろう。彼らはこの国にもキリスト教を広めたい。

でも日本政府は、認めない。

キリスト教国とは表面上の付き合いしかしたくない、ということである。

表面上の付き合いしかしない異国人たちがキリスト教を信奉していても、日本社会が変わることはない。ただ、自国民がどんどんキリスト教徒になっていったりすると、社会が揺らぐ。人々の生活を保てなくなる。だから認めない。

それが日本の国是である。江戸の政府が決め、明治の政府も継承した。

しかし列強と呼ばれたキリスト教国と正面切って対立するわけにはいかない（それがで

きたら開国していない)。彼らに強く「切支丹御制禁」を抗議されると、その禁制は徐々に後退せざるをえない。

取り除かれた〝五榜の掲示〟

徳川政府は、庶民が守るべき御禁制を高札に掲げ、人の集まる場所に立てていた。明治政府もそれを継承した。

1868年〝五箇条の御誓文〟とほぼ同時に〝五榜《ごぼう》の掲示〟があった。「五倫の道の遵守」「徒党して強訴や逃散することの禁止」「切支丹邪宗門の禁止」「攘夷行為の禁止(外国人への暴力禁止)」「郷村からの逃散禁止」の5つである。反社会的行為はするな、というお達しである。高札に書かれ、辻に立てられた。

明治新政府は、キリスト教をきちんと禁止すると内外に宣言している。江戸のむかしから住んでいる日本人から見れば当然のことである。

ところが〝浦上四番崩れ(浦上村隠れ切支丹の史上四回目の摘発)〟の処置に対するキリスト教国列強の抗議があり、欧米視察の政府首脳の判断(キリスト教徒に対する強硬な弾圧は条約改正に悪影響を及ぼす)により、徳川政府と同じレベルの取り締まりが困難になってゆく。

そんななか、1873（明治6）年に高札が撤去された。

つまり五榜の掲示が取り除かれた（5番目の掲示はこの2年前に廃されていたが）。

これにより各国公館キリスト教国はキリスト教禁止が廃されたと受け取った。

キリスト教側の書物の多くは（いま出ている日本キリスト教史のほとんどがそうであるが）これによってキリスト教は解禁された、と書いている。

ただ事実は違う。

（以下おもに『キリスト教解禁以前　切支丹禁制高札撤去の史料論』（鈴江英一　岩田書院）による。『潜伏キリシタン』（大橋幸泰）に同様の指摘あり）

高札が撤去されたのは、禁令の伝達方法が変わっただけである。

このへんの、基本的な事実は踏まえておいてほしいのだが、キリスト教側の書くものは（恣意的にか）、そのへんをほぼ徹底して無視している。

政権が変わり、西洋風の新体制になり、新たな法律が次々と作られていく。そのとき高札で告知していたのでは間に合わない。費用も掛かりすぎる。そのため、今後は役所に掲示するなどの方法に変更した。

そのために高札を撤去した。同時に「高札に掲げていた内容はすでに一般に熟知されたので、高札を取り除く」と告知した。

そういう変化である。どこにも高札内容は無効になったとは言ってない。みんなもう知っているので、いちいち繰り返さないよ、と告げている。

キリスト教禁制は継続である。

だから、五榜でほかに掲げられた「五倫の道」は引き続き守ってもらいたいし、「徒党強訴逃散の禁止」や「外国人への暴力禁止」も引き続き守らないといけない。高札が撤去されたことをもってキリスト教が解禁というのなら、同時に「今後は外国人へ暴力を働いても違法行為とはならない」ことになる。そんなわけがない。

新政権の苦しみ

ただ、キリスト教各国公館は、高札撤去によって、キリスト教解禁だと受け取った。プロテスタントもカトリックもギリシャ正教もみな、日本の禁教が解かれたと沸き立った。宣教師が15名必要になったので至急送られたし、と本国に打電した司教もいる。

どう見ても早合点の誤解である。

しかし、その早合点の誤解を取り除くということを、日本政府は積極的にはやっていない。問い合わせがあれば答えるが、わざわざ各公館や領事のところに出向き「まだ日本国はキリスト教禁教のままです」と強く申し渡したりしていない。そんな国際世論に喧嘩を売るようなことをするわけにはいかない。そのあたりが新政権の苦しいところだろう。

高札が撤去されたのは1873年の2月である。

その4月に横浜ヘラルド新聞が「日本国はキリスト教徒を刑罰する法典を永世に廃棄した」と報道したことを受け、外務省は太政官政府にこれは事実なのか、と問い質《ただ》した。新政権内でも認識が徹底していなかったことがわかる。政府は「高札の文面は人民があまねく熟知しているので取り除いたまでである。もとよりキリスト教を黙許するという主意はない」と外務省へ伝達している。

また1875（明治8）年7月に、イギリス領事が函館支庁へ、キリスト教布教の取り締まりについて抗議したところ、外務卿寺島宗則の名前で「耶蘇《やそ》教はいまもって我が政府の制禁するところであり、いまだこの制禁を廃したことはない」と正式に回答している。

〝耶蘇教ハ今以《もって》我《わが》政府ノ制禁スル所ニシテ未《いま》ダ此《この》制ヲ廃止セシ事アラズ〟

これが1875年日本政府の公式見解である。

そして、このあとも日本政府は、キリスト教を認めるというお触れを出すことはない。

何となく、なしくずし的に、認めていったばかりである。

つまりは、日本政府の本音としては、キリスト教信者が国内で増えることは認めがたい、ということなのだ。それはおそらくこの国において、ずっと変わっていない。

しかし、それを国際社会に広く告知するわけにはいかない。国内の外国人キリスト教信者は放置するしかない。また海外向けに、キリスト教は認めていないと正直に宣言すれば国際的な大問題になるし、かといって、キリスト教を解禁した、と言ってしまっても、国内に猛然とした反発が起こり、それは政権基盤を危うくしてしまう（そもそも解禁していないのにそんなことを言うわけにはいかない）。

国際世論に伝えたいこと、国内にいる外国人に伝えたいこと、日本人に伝えたいこと、それぞれが違っているため、新政府のキリスト教政策は不明瞭な印象を持たれてしまった。

あくまで黙許

当時の政府としては〝日本人キリスト教信者〟が増えると、日本の秩序が保てなくなるという不安があった。天皇を中心とする近代国家の整備を急ぐ政府としては、反政府活動につながる可能性のあるものはどこまでも少なくしておきたい。海外の歓心のためだけに、日本人キリスト教徒公認や、日本人への布教公認というお触れを出すわけにはいかない。

あくまで黙許であった。

しかし、キリスト教側は、公認してもらいたいようだ。

１８７３年日本でキリスト教解禁、という誤った事実がいまも書かれ続けるのは、キリスト教側は「いつ解禁されたのかという確証」を必要としているからだとおもわれる。かれらは本国に報告しなければいけないのだ。この１８７３年高札撤去というわかりやすい事例を逃すと、このあとの日本歴史のどこにもキリスト教に対する明確な寛恕《かんじょ》の政令が見つけられない。キリスト教側としては、ここに飛びつくのはある意味しかたがないのだ。

冷静に見直してみると〝キリスト教は日本ではいつ解禁されたのか〟に対する回答は「徳川政府による禁止以降、日本政府がキリスト教を明確に解禁した歴史的事実はない」ということになる。

日本政府の変化は、細かな法令から読み取っていくしかない。

１８７２（明治５）年に、政府は「自葬の禁止」を通達する。仏式ないしは神道式（僧侶か神官に頼んだもの）以外の葬式を禁止した。つまり、キリスト教徒の自葬（キリスト教式の埋葬）を禁止する法令を出した。これもまた切支丹および邪宗門禁止の一環である。

その12年後、１８８４（明治17）年にこれが変えられる。埋葬方法への規制がなくなった。その町村に本籍を持つか、その町村で死んだものは人種や宗旨にかかわらず埋葬してよい、という通達が出た。どこにも書かれていないが、キリスト教式の埋葬でもお咎《とが》めなし、という意味を持つ。キリスト教の埋葬法が黙認されたのである。これまで仏式神式の葬式を拒否して自葬した者は、明確な罪人としてたびたび捕縛されていた。埋葬方法が自由になったことはキリスト教徒にとってかなり大きな意味を持っていたとおもわれる。

大日本帝国憲法28条の真意

政府のキリスト教黙認は、このような形で進んでいく。

1889（明治22）年には、大日本帝国憲法が公布される。

その28条には「日本臣民は安寧秩序を妨げず及《および》臣民たるの義務に背かざる限に於《おい》て信教の自由を有す」と信教の自由が掲げられた。

キリスト教も「安寧秩序を妨げず臣民の義務に背かないかぎり」許されたことになる。

ただ、少し考えてみれば、だからこそキリスト教を本当に解禁したわけではない、ということもわかる。徳川政府もまた、安寧秩序を妨げず義務を果たしているかぎりにおいては、一部地域では（あくまで限られた事例ではあるが）潜伏キリシタンを見逃していた、ということがあった。その方針と変わっていない。

残念ながらキリスト教のまじめな信者であるかぎりは「日本の安寧秩序を乱し、ときに義務に背かざるを得ない」という場面は必ず出てくる（天皇陛下よりも、キリスト教の主神を優先しなければならないから。内村鑑三の不敬事件がそれにあたる)。条文のこの留意事項は、キリスト教を意識して書かれたものだと考えていいとおもう。

この憲法の条文によってキリスト教が認められたわけではない。西洋列強に向けて近代国家の体裁を整えているように見せながら、その実、日本古来の祖法は守るという憲法条文でしかない。そう読んだほうがいい。

ついでその10年後、1899(明治32)年に、不平等条約が改正され、それが実施されることになった。異人たちの治外法権が撤廃され〝別世界としての居留地〟がなくなる。外国人と日本人の雑居が始まり、国内の外国人キリスト教徒も日本の法律で裁くことになる。そのため〝神道仏教以外の宗教〟に対する内務省令が出された。キリスト教も、そのほかの宗教のひとつとして、宗教行政の対象として扱われることになった。

キリスト教を、日本国内に存在する宗教として認めたことになる。

これをもってキリスト教の事実上の黙認ととらえられることも多い。

ただこれも考えようによっては、在留外国人のための決まりでしかない、と言える。

日本にいる米人英人仏人露人などキリスト教徒を日本の法律で裁くことになった。そのための法令の整備ということである。日本人にもキリスト教徒がいることを積極的に認めたわけではない。

これが明治政府の、キリスト教を黙認していく過程である。

積極的には認めていない。キリスト教国との付き合いのため、その体制を整えていく過程である。日本に住まう外国人キリスト教徒のために法令を整備したまでで、同時にその周辺にいる少数の日本人キリスト教徒の存在も認めることになるが、それは致し方ない、しかしこれ以上大きく日本人キリスト教徒を増やしたくない、それが政府の本音だろう。

民衆レベルの敵対視

ただ、こういう施策は政府が勝手に独断専行していたわけではない。

明治期のキリスト教は、民衆レベルでも激しく敵対視されていた。

キリスト教側は1873（明治6）年にキリスト教が解禁された、という誤った認識を保持し、日本におけるキリスト教の歴史を語るが、その実情は厳しいものであった。

（以下の多くは『日本の近代社会とキリスト教』（森岡清美　評論社）による）

1876年、高札撤去から3年後、プロテスタントの押川方義《おしかわまさよし》は新潟に宣教に赴くが、耶蘇教の伝道者が来たということで民衆が激高、僧侶が民衆を煽動し、暴民たちによって押川が取り囲まれたことがあった。押川は辛くもその囲みから脱出するも押川に似た男が捕まり、惨殺されるという事件が起こっている。

　1879年、スコットランド宣教師パームが新潟に説教所を開いていたが、コレラがこの年に大流行し、原因は邪教伝道に来たキリスト教徒にあるとデマが流れ、パームは襲われ、説教所が破壊される暴動が起こった。

　1883年、高札撤去から10年、金沢で伝道していた加藤敏行が、石川県庁前で暴漢二人に襲われ、木刀で打ちのめされ負傷、病臥《びょうが》し、翌年死亡するという事件が起こった。同年、和歌山に宣教師が入ると、黒江村では全戸主が寺へ集まり、邪教とは断じて接しないことを協約した。どこまでもキリスト教布教者は敵であり、日本国民の生活の安寧を妨げる存在だったのだ。

　1893年、すでに憲法公布後である明治26年、富山県高岡にやって来た伝道師のもとへ「北陸殺耶党決死隊」が押し寄せ不穏な空気になった。警察が出張してきて大事には至らなかったが、武器（刀剣）を隠し持っている者も多く、殺害の意志はあきらかであった。「殺耶党」というネーミング自体が、キリスト教に対する強い反発心をあらわしている。

　キリスト教側には、迫害を受けたという記述はあっても、どれだけの人数に反感を持たれていたのかという数字や、まったく受け入れられていない状況に対する客観的な説明がどこにもない。あくまで正義は我にありという考えから、その状況で、苦難にも負けずに戦った人間を描写しているだけのことが多い。

しかしキリスト教を忌避する者が1万人、広めようとするものが10人だった場合、1万人のほうから見れば、10人は社会的攪乱者であり、好ましからざる存在でしかない（厳しく言うなら社会破壊者である）。キリスト教側の言い分もわからないではないが、布教が成功せず圧倒的少数の状態が続くかぎりは、かれらが迫害受難といったところで、多数派からは、平和な生活を勝手に乱す者への報いだ、としかおもわれない。いままで通り生きていこうとするのをなぜ邪魔するのだ、というのがキリスト教布教に対する村民の叫びである。数の論理ではそうなる。そもそもキリスト教じたいが数の論理で世界を席巻してきたのだから、成功しなかった場合は、みずからが展開してきた排除の論理が自分たちに向かってくるのはしかたがない。

キリスト教は、日本の共同体のなかへ入ることはできなかった。

明治政府の「キリスト教を認めない方針」はあくまで、そういう民衆の気分をもとに、社会の安寧を目的としたものだったと言える。

ただ、このような〝反キリスト教社会〟でありながら、降誕祭だけは突出して受け入れられていった。以下、その〝ふしぎの明治のクリスマス〟を見ていく。

5章　〝他者の物珍しい祭り〟だった明治前期

西洋列強と肩を並べるために

明治初期の日本の民衆にとって、キリスト教はあくまで邪教であった。布教に来るキリスト信者を、ときに暴力的に追い払った。キリスト教が広まると、生活共同体が破壊されるとおもったからだ。その恐怖から宣教者たちを激しく排除した。明治期の日本の共同体に、宗教としてのキリスト教は受け入れられなかった。

しかしいっぽう日本社会は〝キリスト教の文化〟を急速に取り込まないといけなかった。太平の世を過ごしていたら、アメリカが殴り込みをかけてきて、英仏露ら世界列強ランキング上位のキリスト教国もやってきて、日本を〝最先端19世紀ワールド〟の舞台へひきずり出し、その序列に組み込んでしまった。日本は、知らぬうちに世界序列の最下位グループにランキングされ、列強国が上昇するための踏み台にされることに決まっていた。

これはまずいということで、拙い応対をしているように見えた当時の政権を倒し、新政権が樹立された。新政権のとりあえずの目的は西洋列強の踏み台にされないことであり、その先の目標は、西洋列強と肩を並べることにあった。まず世界ランキングの最下位グループを抜けだし、自主独立が認められているすぐ上のグループをめざした。

ただ、方法がわからない。

非西洋エリアの国が、キリスト教国列強と肩を並べた歴史上の事例がない。

そこで「西洋国のシステムを徹底して真似て、取り入れる」ことにした。

国の成り立ちから生活まで、政治経済、工業産業、軍隊、鉄道、法律、芸術、文学、都市整備、学校、衣服に食事、暦法、休日とあらゆる部分で、西洋方式を採ることにした。

しかし西洋の国になるわけではない。外側は真似るが、芯の部分では日本なるものを守り続ける。そもそも新国家成立のときの号令は〝王政復古〟であり、その中心に据えられたのは1500年を越えて存在する〝天皇家〟である。

原日本（日本が古来持っていたもの）の懸命の模索と（模索して見つからない場合は次々と造りだした）、異質な西洋文化の急激な受け入れを、同時に行った。かなりキツイ状況である。振れ幅が尋常ではない。ひとつの人格が無理してこういう状態にあると、だいたい精神に破綻をきたす。

たとえば休日。官公庁はいつ休むか。

明治当初は、日本の方式で一の日と六の日を休みにしていた。

しかしそれでは列強諸国と休みがずれて不都合である。世界に向かって、日本式に従え、と言える立場ではない。だから西洋列強の休みを取り入れた。

1876年より官公庁は日曜日を休み（土曜を半日休み）とした。

日本人が日曜を休日にした理由は、「西洋人が休むから」である。それ以外にない。

キリスト教国が日曜日を休むのは「イエス・キリストが復活した日」だからである。信者は日曜には教会に行く。キリスト教徒にとっては、日曜は宗教的な休みである。

西洋システムを外側だけ取り入れるというのは、そういうことである。

「キリスト教はいまもって我が政府の制禁するところである」と外務卿が表明した翌年に、キリスト教式の休日を取り入れている。それがキリスト教国と付き合っていく方式である。

キリスト教の宗教的内容は取り入れない。ただ西洋列強の文化はキリスト教を基盤として成り立っているから、キリスト教も学ばないといけない。宗教部分を抜いた〝文化としてのキリスト教〟をうまく取り入れるようにしよう。どこにも明文化されず、言葉にせず、瞬時にそうすることに決められた。言葉を交わさずにそういう国民的合意が成り立つところが、この国の強みであり、海外から見たときの不気味さにつながっている。

「クリスマスが残ります」

前章で紹介したのは〝宗教としてのキリスト教〟をどこまでも排除していこうとする明治日本の動きである。

〝文化としてのキリスト教〟は受け入れる。

キリスト教周辺の文化は、ある憧憬と、そこそこの違和感を抱えつつ、日本に取り入れられていった。洋行帰りのインテリ層が、その役目を担った。それもだいたい上流階級（士族周辺）のインテリである。明治維新のおりの賊軍（つまり旧幕府勢力）にキリスト教徒になった人が多かった。キリスト教徒はやはり敗れた者たちの宗教なのである。「敗れた者の捲土重来を期す宗教」なので人気となったのだ。それはわかる気がする。

明治初期のキリスト教は庶民とは無縁のものであった。英語やフランス語がわかっているものだけが、キリスト教の近くにいた。そのへんが16世紀とずいぶん状況がちがう。

そして、キリスト教の文化のなかでも「クリスマス」が突出して受け入れられていく。これは日本の問題ではなく、先に指摘したとおりクリスマスのほうの問題だとおもう。クリスマス祭祀が、キリスト教のなかでも目立って異質だったということだ。そこに気がついた日本人は、自分たちでも参加できそうな西洋的祭祀として、クリスマスを積極的に社会に取り入れていったわけである。

日本におけるクリスマスの受容の歴史は、〝キリスト教から宗教部分をぬくと、何が残るのか〟に対する回答のように見える。

日本人の答えは「クリスマスが残ります」ということになる。

日本のクリスマス受容の動きは、「西洋文化を取り入れつつも日本らしさを保とうとする努力の歴史」であり、日本人が世界を相手に生き抜く知恵だと見ることができる。

原胤昭らのクリスマス

あらためて明治になってからの日本の〝降誕祭〟の模様を見ていく。

いくつかの書籍と、新聞記事でクリスマス世相を追っていきたい。

基本は東京の朝日新聞（朝日新聞東京版）である。ただ、東京の朝日新聞が始まるのはわりと遅く明治21年、1888年からである。それ以前は別の資料から拾っていく。

東京の異人居留地は、築地にあった。

このエリア内にキリスト教徒である異人たちが多数住まいをなし、また各国領事館や公館、それに教会やミッション系の学校などがあった。開国以来、江戸東京における別世界であり、異人文化が存在し、また受け入れる場所であった。のち、銀座周辺にもキリスト教関係の建物や場所がいくつか開かれ、築地から銀座エリアが（隣接していますし）、日本のクリスマス先端地域となっていく。

日本人による明治以降の最初のクリスマスは、1874（明治7）年、この築地居留地内にあった学校内で行われた、とされている。

東京の女子校御三家「桜蔭《おういん》・雙葉《ふたば》・女子学院」のひとつ〝女子学院〟（いわゆるJG）の発祥は、1870（明治3）年に築地居留地に建てられた〝A六番女学校〟にある。

1874年に原胤昭《はらたねあき》らがそこで初めてのクリスマスを開いた。

この一件に関するタネ本はひとつである。

銀座の教文館出版の『植村正久と其の時代』（佐波亘編／1938年刊行／1976年復刻）である。その第二巻の十一章「我国に於ける最初のクリスマス」とそのものずばりのタイトルで書かれている。昭和初年にクリスマスは空前のブームを見せるので、その時代を反映してルーツを探って書かれたものだとおもわれる。

原胤昭本人から聞いた談話として記されている。

原は江戸育ち、もと幕臣、この1874年にキリスト教に入信した。当時数えて二十二の若者である。入信の感謝のしるしにクリスマスを盛んにやりたい、と祝会を企画した。

1874年の築地で日本人がクリスマスを開いたのはたしかなようだが、これが日本人による明治期の初めてのクリスマスかどうかは、きちんと検証されているわけではない。厳密には、現在のところ書類で確認できる明治最初期の日本人によるクリスマス、である。

神田祭のような気持ちで

原胤昭が入信の記念に開いた1874年の築地のクリスマスは、すこし奇妙な日本ふうの祭りになっていた。

原胤昭は江戸っ子なので、神田明神の祭礼のような気持ちでやった、と述懐している。浅草方面の花簪《はなかんざし》屋で買い集めた花簪で会場を飾り、クリスマスツリーもしつらえ、落し幕で隠した。落し幕は近所の新富座で借りた。原の家は旧幕時代は八丁堀の与力で相当権勢を張っていたから、顔が利いたのだ。賑やかなことが好きな座付きの若い者がわいわいと騒ぎながら、提灯をつけて手伝いにやってくるという騒ぎになった。

明治7年のクリスマスを新富座の若い者が手伝っているところがおもしろい。そこにキリスト教徒はいなかったとおもう。お祭りだから、という気分が横溢していたのだろう。

また、サンタクロースは純日本風の趣向でやろうということになり、裃《かみしも》をつけ、大刀小刀を差し、大森カツラをかぶり、殿様風の身拵《みごしら》えに扮装したサンタクロースが用意された。

おもわず「何ですかそれは」と言いたくなるスタイルである。

当夜は、暗誦、対話、唱歌を塾の女生徒がやってくれ、中村正直《まさなお》（敬宇）ら大勢の人が集まりとても盛会だった。

近代日本初とされるこのクリスマスは、ずいぶんと日本風である。江戸っ子のクリスマスというところだろう。キリスト教徒だけの集会のはずなのに、すでに日本土俗化している部分がいくつもある。いろんな示唆に満ちた〝明治最初期のクリスマス〟である。

海外人たちとの交流の場

クリスマスの新聞記事のうち「新聞集成」で見つけられる最初のものは1875年明治8年である（以下の新聞記事引用は、難読漢字はひらがなに直し、句読点を加えた。また現代文に直して引用したものもある）。

まず1875年、明治8年。

「廿四日の夜はクリスーマスイブ、即ち耶蘇降誕の宵祭にて、中村敬宇先生の学校教師（カックラム）先生の宅に、右の祭式がござりました」

有名の碩学《せきがく》の先生や、奥様がたが集まり、その中には「ゼネラル西郷（陸軍中将西郷従道）公の奥方から御嬢様など」も参加されたらしい。

「また昨二十五日は商法学校の教師（ホイトニュー）先生の宅もクリストマスの祝宴ありて、碩学たちの集会がござりました」（東京曙新聞。12月26日）

碩学ばかりが集まっている。たいへん見識の高い学者先生ということである。

1875年当時、異人居留地ではクリスーマスが祝われていた。そこには日本の上流階級とインテリたちが集まっていたわけである。海外人たちとの交流の場ととらえられているのであろう。鹿鳴館のパーティのようなものだったのだとおもう。庶民とは縁がない。

これ以降の新聞記事の多くは〝横浜居留地のクリスマス〟の風景を伝えている。湯島天神や浅草の歳の市などと並んで、年末歳時記のひとつとして横浜の基督《キリスト》降誕祭の模様を伝えている。異人たちの街・横浜でおこなわれる、少し変わった年末の風習としてとらえているようである。

1881年明治14年。

横浜よりの通信として、今年も二十五日の基督祭《クリスマス》は賑わいそうであり、今年は富くじが催されるので、十六日から市中で富札が売り出された、と書かれている（朝野新聞。12月17日）。すでに明治14年にこのエリアのクリスマスは「例のごとく定めて賑わう」と紹介されている。定着していたのがわかる。また、クリスマスに富くじというのは少し不思議な風景である。クリスマスプレゼントの抽選なのか、クリスマスにかこつけた年末の富くじだったのか、そのへんはよくわからない。

同年明治14年、クリスマスの日、横浜本通りの天主堂で朝から説教がおこなわれていたが、門口に「本日奉教人のほか参堂相断申候《あいことわりもうしそうろう》」と大書してあり、キリスト教徒以外は本堂に入れず、「中の模様は知るを得ざりし」と報道されている（東京日日新聞。12月26日）。明治14年は、文明開化主義がひと段落ついて、保守反動的な動きが強くなっていたころであり、キリスト教徒や教会に対する何か不穏な動きがあったのかもしれない。

お祭り騒ぎへの批判

そして早くもこの時期、楽しいクリスマスへの批判が出ている。明治19年、1886年の基督教新聞に載ったまじめな日本人キリスト教信者による批判である。

「クリスマスの事は、西洋諸国にて、昔より行われしところなるが、我國のごとき新なる基督教國にては、往々その弊害も少からず。甚だしきは、世間ふつうの祭日か縁日のごとく思うものなきにあらねば、余輩は余りクリスマスの流行を望まぬ方なりし」（『植村正久と其の時代　第二巻』）

明治維新二十年経たずしてクリスマスは〝世間ふつうの祭日か縁日〟のように見えたのだ。

1886年明治19年にすでに「クリスマスは日本の祭りのように騒ぐのではなく、静かに迎えなさい」とたしなめる人がいた、というのは覚えておいたほうがいい。まだ信者周辺だけではあるが、すでにクリスマス馬鹿騒ぎの萌芽が見られる。

千人にのし餅を配る

1888年明治21年に、やっと東京朝日新聞が創刊され、1889年よりクリスマス記事が掲載され始める。ここより128年ぶんの朝日新聞のクリスマス記事を見ていく。

その最初の記事。

1889年明治22年12月16日の記事（現代文にしてあります）。

「横浜のクリスマス／昨二十五日はクリスマスデーだったので、横浜居留地の銀行・税関・商館等はすべて休業し、キリスト教信者は早朝より教会へ赴いて祈禱会を開き、また夜には各教会で信者が学校生徒へ寄付した物件が並べられ、市中はたいへん賑わった」

これが定型文である。毎年、横浜居留地内の会社は休み、信者は朝から教会へ、夜にはお楽しみ会。そういう季節ネタだ。多くの日本人が、そういう異人の楽しい風習があることを毎年、新聞で確認していた。新聞はクリスマスをしきりと広めようとしていたのだ。以降、毎年、似たような記事が続く。だいたい12月26日の紙面に出る。だいたいが横浜居留地内の記事である。

1894（明治26）年は、横浜ではなく牛込区のクリスマスが載っていた。いまの新宿区納戸町（当時は牛込区納戸町）にあったオーストリー公使館で、貧民千人あまりを招き、一人一人にのし餅を一枚ずつ配り、オーストリー公使がいちいち「おめでとう」と日本語で述べた（12月26日）。

1900（明治33）年には横浜「元居留地」のクリスマス記事となる。条約改正が行われ治外法権がなくなり、横浜の居留地は〝元居留地〟と呼ばれるようになった。

1902（明治35）年の記事は、京橋区のカトリック天主教会、駿河台ニコライ教会、其の他の各会堂にて礼拝式がおこなわれたと書かれている（12月26日）。

この年になって急にギリシャ正教ニコライ教会、つまりロシアの教会について触れられている。この一年少しあと1904年の2月にロシアとの戦争が始まる。

クリスマスは〝他者の祭り〟

ロシアとの戦争は明治期最大の事件であった。戦場は日本ではなかったが、日本人の総力戦であった。1904年明治37年の12月、ロシアとの全面戦争中のクリスマス時期には「フェリス女学校の美挙」という記事がある。

横浜山手元居留地にあるフェリス女学校は、24日のクリスマスの費用を節約して金を集め（金貨で百八十五円）出征軍人家族救恤費《きゅうじゅつ》に渡してほしいと、神奈川県知事に送った、とのことである（12月27日の記事）。

クリスマスの記事ではなく戦争関連記事である。出征軍人の家族への見舞金をクリスマス費用を削り送ったのだ。戦争中の記事は、いつの時代も似てくる。ただその戦争に勝ったか負けたかによって、その記事の印象が大きく違ってくるだけである。

その翌年、日本はいちおうロシアに勝った。その年の暮れのクリスマス記事。

「横浜のクリスマス」（現代訳）。

「一昨日はクリスマスだったので、横浜在留の各商館、外人はみな休業して午前九時ごろ教会堂に集まって、讃美歌を唄ってお祝いをし、帰宅したあとは一家団欒して楽しく祝日

を送った」（12月26日）

定型記事に戻っている。クリスマスは「楽しく過ごした」と報道されることに決まっていた。毎年そう報告されている。

1874年から1905年にかけて、明治でいえば7年から38年、この三十年間はだいたいクリスマスはこのような報道がなされてきた。

クリスマスはあくまでキリスト教徒の祭りであり、異人さんたちが楽しそうに過ごす日である。だいたいすべて居留地内（元居留地内）のクリスマスである。信者でない一般的日本人が、クリスマスに参加したり、自分たちで祝ったという記事はない。

この時点までの日本にとって、クリスマスは〝他者の祭り〟である。

ただ、楽しそうだな、という気分が込められている。この気分が、日本人のクリスマス騒ぎを招聘しているように見える。

そして、日本の社会は、この1900年代（00年から09年）半ばに大きく変動していく。

1906年から日本のクリスマスへの距離が変わっていく。

6章　クリスマス馬鹿騒ぎは1906年から始まった

少女作家のクリスマス小説

クリスマスを初めて取り上げた小説について『明治東京歳時記』という書籍に、その指摘がある（槌田満文　青蛙房）。

「小説の中にクリスマスがとりあげられたのは『今日はしも都も鄙《ひな》も統括《おしなべ》て皆楽しとぞ歌ふなるクリスマスの事なれば、家も街《ちまた》も美麗《うる》はしく錦の列《つら》ねし幵《そ》が中に一際目立つ門構へ……』と記された木村曙『婦女の鑑』（明治22年）がもっとも早いものであろう」

本当にもっとも早い小説か、定かではない。「もっとも早くクリスマスを登場させた日本の小説のひとつ」であろう。

木村曙の『婦女の鑑』。

明治22年だから1889年の作品である。木村曙は女流作家、というか少女作家である。明治4年生まれなので、このとき満で18、数えで19、その年齢で書いた作品となる。デビュー作ながら読売新聞に連載された。彼女の写真が残っているがすごい美人で、強いていま（2017年）で言えば、桐谷美玲というところだろうか（ただし既婚）。

しかし、デビューの翌年1890年に若くして彼女は亡くなる。作品は『婦女の鑑』のほか数作。ほぼ、忘れ去られた明治初期の女流作家である（大きな図書館で読めるレベル）。

この『婦女の鑑』のクリスマスシーンは、日本ではない。

「一際目立つ門構へ」の引用の先の部分を続けると「家の建造《つくり》も他《た》に越《こえ》て最《い》と儼然《いかめし》く見えたるは是《これ》ぞ英国にて名も高きケンブリッジの女子部なるニューナムとこそは知られたり」となっている。イギリスでのクリスマスシーンなのである。

木村曙は、東京高等女学校で学んだ才媛であり、才気煥発、本人は強く海外留学を望んだが父に反対され、断念した。そのおもいを託した作品がこの『婦女の鑑』である。

主人公は13歳の少女、イギリスのケンブリッジ大学へ留学する。留学が決まるまで、少女小説らしい紆余曲折があるのだが（友だちの意地悪でいちど留学が中止になる）、横浜からの出航シーンの次は、もう冬のイギリスのクリスマス直前のシーンとなる。

さすがに未体験のイギリスについて描くとなると、19歳の少女作家には具体的な風俗や風景を描き出すことはむずかしかったのだろう。そもそも文体にいくつも「候文《そうろう》」が用いられ、イギリス人カドリーンヌ嬢やヘレン嬢も〝ソウロウ文〟で話している小説である。当時のイギリスはあまりにも遠い。リアルなイギリス生活として、日本からかろうじて想像できたのが〝楽しげなクリスマスの日〟だったようだ。

いろいろと示唆的である。

クリスマスは、日本人にとって「西洋人気分を味わえる日」だった。宗教的な厳かさもまたロマンチックに感じるレベルの、憧れの祭りだったということだ。

少女小説家が、唯一リアルに想像できる海外の祝祭日が、クリスマスだったのだ。明治中期にすでにクリスマスはロマンチックな存在だったことがわかる。ロマンチッククリスマスを夢見る乙女気分は、その後、１００年を越えて日本人にまとわりついてくる。

クリスマス広告の登場

日清日露の戦いを経て、日本社会は急激に変容していく。

新聞を追っていくと、そのことがひしひしとわかる。

そもそも新聞じたいが、戦争報道で劇的に変化する。日露戦争報道を通じて、新聞はメディアとしての重要性を増していった。

写真が多くなる。

もともと少しずつ写真は載っていたのだが、日露戦争では戦場の写真が多数掲載されている。写真報道が始まったのだ。紙面も分厚くなっていった。おそらく販売数も飛躍的に伸びたのだろう。それは紙面を見ているだけでわかる。

とくに目立つのが新聞広告である。日露戦後、新聞広告が飛躍的に増えていく。朝日新聞は第一面を広告だけにしていたこともあった。現代的なイラストも多く見かける。

東京朝日新聞の12月1日から31日までの紙面を1888年以来目を通しているが、「クリスマス」の文字が入った広告を見つけられたのは1903年明治36年からである。これ以降、毎年「クリスマス」の文字が入った広告が掲載され、それは100年を越えて、現在まで続いている。

1906年の広告から「サンタクロース」が登場する。

紙面を見ていると、この1906年の広告から、わかりやすく変わる。

言うなれば、1906年から、クリスマス広告は「はしゃぎ」始める。どうやらこの年に、クリスマスは「はしゃいでもいい日」として、日本人に認められたようである。

1906年という区切り

日本のクリスマスのひとつの区切りは1906年にある。

ここが、キリスト教と関係のない日本的なクリスマスが本格的に始まった年である。

1906年以降、クリスマスは〝羽目をはずしていい日〟として日本に定着していく。

原因はあきらかである。

ロシアに戦争で勝ったから。

それまでは西洋列強にいいように振り回される三等国であったニッポンが、キリスト教列強国トップグループの大国ロシアに勝った。その解放感と嬉しさに社会が満ちあふれている。その気分が紙面を通して、強く伝わってくる。

のちの世界史的暴走をおもうと「日本は世界の三等国ではなくなった」という否定的表現であらわされる意識にとどめておけばよかったのに、とおもうが、詮ないことである。

日露戦争にかろうじて勝ったのは1905年である。1905年の紙面は、あまりはしゃいでいない。講和が結ばれたのが9月、直後に講和内容に不満を持った群衆が日比谷から暴動を起こし、都内各所に火を付けた。戒厳令が敷かれ11月末まで解除されなかった。年の暮れとなっても、まったく世情平穏というわけではなかったのだろう。

八百万の神に異教の神を取り込んだ

１９０６年になって、戦勝国としての日本が動きだす。それまで大きくのしかかっていた「西洋文化コンプレックス」が軽減され、クリスマスを日本ふうに組み替えて取り入れていった。

クリスマスの発祥は西洋的宗教の根幹につながる部分であるが、そこは基本、無視する。祭りとしての破壊的要素に着目し、日本的な祭礼と同じような日とする。そう決めた。決めたというより直観的に12月25日祭の本質を見抜いて、そこを取り入れたと言える。

見方を変えれば、日本に古くからとてもたくさんいる神、その八百万《やおよろず》の神の中に、この異教の神を取り込んだ、ということにもなる。

キリスト教側からすれば八百万の神の一柱《ひとはしら》となるなぞ、とんでもない話だろう。しかし、多神教はそのへん融通無碍《ゆうずうむげ》というか、そもそも自分たちが多神教だという自覚もなく、包括的に呑み込んで何でも神さまにしちゃうというかなり力強い土俗文化である。キリストの神さんも日本の神さんと共存すればいいじゃん、という気分なのだ。21世紀のいまでもクリスマスや、教会結婚式周辺に漂う日本人の心情は、そういったものだとおもう。

宗教としてキリスト教を受け入れるわけにはいかないが（一神教だから、受け入れるなら他の神も仏もすべて排除しなければならない）しかし敵対するつもりもない。一部を勝手に取り入れればいい。ぱっと見たところ、クリスマスが突出して取り入れやすかったので、日本の年中行事に取り入れてみました。以後、よろしく。ということである。

　クリスマスは、キリスト教行事のなかで、目立って祝祭的（破壊的）なのである。


　そのあたりの機微は新聞記事の端々にも出てくる。

　１９０６（明治39）年、12月25日の記事は、日本でもキリスト教徒以外の家々でも近年はクリスマス装飾を新年飾りのひとつとして楽しんで、面白く新春を迎えることがとても流行している、と書かれている。

　信者以外のクリスマス祝いが目立って多くなってきた。ただ当時の貧富の差はまだまだ激しく、中流以上の家庭でないと、そういう余裕はなかっただろうとおもわれる。

　同年の12月27日には「風変りのクリスマス」という記事が掲載されている。

　〝日本通のある外国武官〟が（つまりキリスト教国の軍人が）日本陸海軍武官数名にクリスマスパーティーの案内を出してきた。その場所が木挽町《こびきちょう》の待合（芸者などを呼んで遊ぶ貸座敷、関西で言う茶屋）なので、訝《いぶか》しくおもいつつ参集すると、何のことはない、芸者を呼び、日本の料理を食べ日本酒を大いに飲んで楽しく過ごしたばかりである、こういう降誕祭もいい、という記事である。やくたいもない内容であるが、やはり「日本通の西洋軍人の遊び心」がおもしろくて掲載されたのだろう。クリスマスの日本化が進んでいるようだ。

1906年があきらかにクリスマスの境目である。無意味に騒々しくなっていく。

「クリスマスの贈物は？」

1907（明治40）年になると「クリスマスプレゼントはどういうものがいいか」という記事が出てくる。

見出しは「クリスマスの贈物は？▽其日が楽しみ」。

クリスマス用贈答品を売っている主な店は〃銀座の明治屋、新橋の亀屋、カード類は銀座の教文館〃と紹介している。贈り物の〃大立者〃はストッキング、これは〃お菓子や玩具の入った靴下形のもの〃を指している。たしかにいまでも似たような子供向けクリスマス商品を売っている（現在はブーツのほうが多い気がするが、似たようなものである）。これは明治末年には主力商品となっていたようである。

1907年から、クリスマス直後（だいたい12月26日から27日）に「クリスマス廻り」という見出しで、都内の教会をいくつかまわったレポート記事が始まる。

１９０７年のものは、芝教会、神田の青年会館、神田教会、数寄屋橋教会と廻って、その様子をレポートしている。

クリスマスは真面目なものより、おどけた、若々しい、子供子供したものが面白いと書いている。宗教イベントではなく、ただ騒ぐのが楽しい、と正直に書いているわけだ。

翌１９０８（明治41）年も同じように、牛込、市ヶ谷、神田、下谷の各教会のクリスマス風景をレポートしている。

キリストの霊が語る帝国ホテルのクリスマス

１９０９（明治42）年からはクリスマス当日のレポート分量が格段に増える。

12月25日の紙面は8段組のうちの2段、26日は一面の半分（4段）を使ってクリスマスを紹介している。

クリスマスに対する関心が、急速に高まっているのがわかる。

「サンタクロース・スタッキングだのクリスマス・クラッカアだの」が売れるクリスマスは、もはや我が国の流行の一行事と見なさなければいけない、とのことである。

日本の年中行事のひとつとして、少なくとも東京都市部においては、明治末年にはクリスマスでの祝祭は定着していた。そのへんは歴史的事実として、みなの記憶に留めておいてもらいたい（たぶん覚えてもらえないんだが）。
ロシアに戦争で勝ってから、日本流クリスマスの祝いは日本に定着していったのだ。

1910（明治43）年の紙面には、帝国ホテルのクリスマスの様子がレポートされている。
「降誕祭廻り（其一）▽昨夜の帝国ホテル『某《それがし》は耶蘇の霊じゃ、これまではヨーロッパやアメリカばかりを廻っていたから今年は少し目先の変わった処をとおもってはるばる日本三界までやってきたじゃ。東京へ着いてまず銀座通を見物したがなかなか見事な店飾り、ちょっとのあいだに日本も能《よ》う高襟《ハイカラ》になったものじゃ』との文章で始まっている。キリストの霊が語る（しかも老人口調の）日本のクリスマス描写である。どこから突っ込んでいいのかわからないくらいにふざけている。

帝国ホテルで、〝クリスマスお楽しみ会〟が催されている。クリスマスパーティと呼ぶほどのものではなさそうだ。ここにはキリスト教の要素はまったく入っていない。

その後の日本ではおなじみの〝いったい何のために騒いでいるのかわからないクリスマス祭り〟のほぼ原初的な姿が1910年の帝国ホテルに出現している。

帝国ホテルは、1890年に創業され、外国人支配人が続いていたが、1909年より日本人の林愛作が支配人に就任し、いくつもの新しいイベントを始めた。このクリスマス会もそのひとつのようである（ただ、『帝国ホテルの120年』という帝国ホテル自身が出している書物には、このイベントは記載されておらず「社交イベントとして、帝国ホテルでクリスマスパーティが開催されたのは、1913年（大正2年）12月」と記されている）。

このl910年の帝国ホテルのクリスマスは、ほぼ、日本の祭りである。

玄関番（ドアボーイ）がサンタクロースの格好をして入口に立っている。これが本場の欧米に負けぬ姿だと、耶蘇の霊は語っている。広間のまん中にクリスマスツリーが設えられ、〝大倉のお大尽〟（大倉喜八郎）が「クリスマスおめでとう」と挨拶をしている姿が紹介され（日ごろ金儲けに暇のない人が暢気《のんき》そうに挨拶している、という皮肉の紹介であるが）、そのあと、舞台でおこなわれている余興の内容が書かれている。

「丸一太神楽《だいかぐら》という茶番狂言」「股から異人の首が生えて倒《さか》さ踊りのかっぽれ」「ホテル員連の手前芸で、お半長右衛門」「二人袴」

クリスマス会で演じられているのが、太神楽にカッポレ、お半長に二人袴だ。ほぼ寄席演芸そのものである。太神楽は演芸のおおもとのような存在であるし、カッポレもお馴染みの踊り（21世紀の寄席でもよく見る）、二人袴はひとつの袴を持ち廻りにするお笑い芸である(ひょっとして二人羽織のことかもしれないが、それはそれでまた別の寄席芸である)。

お半長右衛門は、略してお半長と呼ばれる浄瑠璃の演目である。当時の日本人には、知らない人はいないと言っていい演題であろう。上方落語には「胴乱の幸助」という噺《はなし》があり、この「お半長」を知らないという堅物の商売人が出てきて、とても珍しがられる。「お半長って、こんな小さな子供でも知ってまっせ」というセリフがある。

ただ、内容は心中もの、である。十四のお半と、四十近くの長右衛門が、京都の桂川で心中する。その狂言を、クリスマスで披露しているわけである。もっともキリスト教世界と遠いところにある演目だとおもわれるが（帝国ホテルともあまり合っているとはおもえないが）、明治40年代の日本人は気にしていない。

新聞記事によると、堅苦しいアーメンなどはひとこともなく、余興がお仕舞いになってからは、食堂で茶のご馳走と、福引きがあった、となっている。

まさに日本化したクリスマスである。

クリスマスはキリストと関係なく騒いでいい日であるという気分が、いろんなところで横溢していたのだろう。それが帝国ホテルで顕在化し、朝日新聞で詳しく報道された。

教会での軍歌

もうひとつ、日本的クリスマス風景として、本郷の春木町の中央会堂での様子も紹介されている（12月25日）。

子供の唱歌や説教などがあったあとに「琴と三味線の合奏」があり、その曲は広瀬武夫中佐を歌った『形見の鷹の羽』、「声を張り上げて『軍《いくさ》の神や武夫《もののふ》の生ける亀鑑と仰がれて』と唄って来ると満場、水を打ったように鳴りを鎮めて謹聴する」との描写がある。広瀬中佐は、日露戦争旅順港閉鎖作戦のおりに戦死した英雄であり、軍神と讃えられ、もちろんこの当時の日本人なら知らぬ者はいなかった。

クリスマスのキリスト教教会内で、琴と三味線の合奏に軍神広瀬中佐、である。明治の世ではこれがふつうの風景だったようだ。広瀬中佐の歌は、唱歌として子供が歌うものであった。子供のための空間ということで、この歌が熱唱された模様である。

これより少し前になるが、似たような風景描写がある。

雑誌「文藝倶楽部」明治30年3月に掲載された柳川春葉《しゅんよう》の小説『一花一輪』。短編というよりもっと短い掌編を集めたこの作品集のなかに『基督祭《クリスマス》』という小説がある。日清戦争に勝ったあとで、日露戦争より前の作品である。

「十二月二十五日の夜は楽しき基督祭なり」と始まる。

貧しい子たちが基督祭の施しを期待して教会周辺にたむろしている。堂内には良家の子が親に連れられ、説教を聞いている。と、突然、門の外の子たちが、一斉に『四百余州を挙《こぞ》る』と軍歌を高く歌い出した。当時大流行していた『元寇』である。それを聞いていた堂内の子たちも、一人、二人、歌い始め、やがてはベンチを叩き、床を踏みならしての大合唱となり、大人たちはただ呆然と見守っていた。そういう情景が描かれている。『元寇』は、明るいメジャー調の歌である。子供たちが楽しげに、自慢気に歌っているさまがおもいうかぶ。

教会での軍歌、もしくは軍神の唱歌。

この日清・日露の戦いの時代、この取り合わせに、親和性があったのだ。あらたに日本に取り入れられたクリスマスという行事と、日本が世界に押し出していく気分とは、どこかマッチしていたのだろう。

余興に落語や講談

翌年1911（明治44）年は明治最後のクリスマスとなる。

「基督教信者ならぬ者も、クリスマスといえば何となう心忙しく、いまや歳末の世間を彩る年中行事のひとつとなりしこそ、真に面白けれ」と記事に書かれている。

繰り返しこう書かれるのは、確認をしないと落ち着かない、ということである。日本人は、キリスト教を年中行事にしっかりと取り入れていながら、常に軽い違和感を抱いている。だから、毎年、同じことを書く。違和感は、明治の末年からあり、21世紀になっても、ずっと同じである。この微妙な距離が、クリスマスを常にロマンチックに感じてしまう根拠であり、仕上げかた次第で常に新しい商売のネタになるもとになっている。

1911年も帝国ホテルのクリスマス会についての記事がある。この年の余興は「勢獅子《きおいじし》、玄冶店《げんやだな》、娘手踊り、少年剣舞、落語、講談、西洋踊り」。落語や講談まで出てきてしまった。

狂言は昨年が「お半長」で今年が「玄冶店」、つまり「お富与三郎（切られ与三《よさ》）」である。キリスト様も降誕もまったく関係なく、いま人気のあるものが演じられている。帝国ホテルの脱キリストのクリスマスは続いていく。

26日付の恒例「クリスマス廻り」では、力行会《りっこうかい》の島貫兵太夫《しまぬきひょうだゆう》牧師が「敢えて儀式ばらずに、お国風の村の氏神祭りふうに子供を楽しましむるつもり」というクリスマスが開かれた。帰りぎわに渡されるお楽しみのお土産の中身は「瓦煎餅《かわらせんべい》七枚、最中《もなか》三つ、マシマロー十個」。明治44年のマシマロー10個というのは、すごいご馳走だったとおもう。それ、火鉢の火で炙《あぶ》るととても旨いよ、と教えてあげたいのだが、教える手立てがわからない。

この年のクリスマス記事も3日にわたり、多いときは3段ぶんを占拠して、大きく紹介されている。明治末年には、泥臭い日本風景のなかに、少し異彩を放つ異教的要素のある年中行事として、クリスマスが取り入れられていた経過がわかる。

また、この1911年12月25日付には、すでに「キリスト生誕は12月25日ではない」ということ（1章で記した内容）について書かれている。

歳暮贈答の習慣や学校の休暇などとうまく合致して、信者たると不信者たるとを問わず、今や基督降誕祭（クリスマス）は我国一部の年中行事となった、と堅苦しく始まり、「時あたかも冬至の節なるを以て一陽来復の兆としてこれを救世主の出現に絡んだのだと言う」と書かれている。クリスマスは冬至の祭りの変形である、と当時すでに知られていて、新聞にも書かれているのだ。のち100年余のあいだに、同様の記事が何度も何度も載る。

明治の末年には、いまに変わらぬクリスマスを理由に楽しく過ごす夜があり、いまと変わらぬクリスマス論議が盛んであったことがわかる。110年を越えて、われわれは何も変わっていないとつくづくおもう。

7章　どんどん華やかになってゆく大正年間

欧州大戦の影響

大正年間は１９１２年の7月30日から、１９２６年の12月25日までの14年5ヵ月間である。この15年足らずの期間に起きた出来事のうち、とても大きな出来事はこの二つであろう。

１９１４年からの欧州大戦。
１９２３年の関東大震災。

25年のちに再び欧州で大戦が起こるので、１９１４年のほうは「第一次世界大戦」というまでは呼ばれるが、当時そんな呼び方をする人はいない。なので本書でも１９１４年からの戦争を〝欧州大戦〟と記すことにする。

日本はこの欧州大戦に参戦している。ドイツと戦い、東洋から太平洋にかけてのドイツ権益を奪取する。日露戦争に続き、この大戦でも勝利して、日本はますます変わっていく。

また、欧州大戦の影響でロシアに赤色革命が起こり、その革命干渉戦として（共産主義政権を倒す目的で）〝シベリア出兵〟が日米軍を中心におこなわれ、そこから米価が高騰し、ために1918年には米騒動が起こった。

大正年間の大きな出来事をもうひとつ加えるのならこの「米騒動」になるだろう。ただこれも大きな視野で見れば〝欧州大戦の影響のひとつ〟と見ることができる。

二十数年後の第二次大戦の印象が強く、日本におけるこの欧州大戦の影響が語られることがないのだが、日本のいろんな運命は、この大戦によって変わってきている。

日本のクリスマスにも、その影響は出ている。

日光東照宮の飾りの中に

大戦前年の大正2年、1913年12月10日のクリスマス記事には「この二、三年クリスマスの急に盛んになり」と書かれている。日本にとってクリスマスは永遠に「このごろ盛んになったもの」なのだ。

大正期のクリスマス記事はある定型ができていく。

まず12月の初頭、だいたい3日ころに「街ではもうクリスマス装飾が始まった」という写真入りの記事が入る。ほぼ毎回、銀座の風景である。
そのあと「クリスマスの贈物には何がいいか」というグッズ紹介記事が出る。
次いで、12月23日24日に都内各教会でのクリスマス会の予定日時が紹介される。
最後、12月25日と26日、紹介した教会の様子がレポートされる。
「装飾始まる」「贈物紹介」「祝会予定」「祝会報告」、これがパターンである。

12月初めには、たとえばこういう記事が載る。
「中にも凝ったのは銀座の亀屋で『勅題社頭の杉』にちなんだ店内一面の装飾は（…）大仕掛けだ。日光陽明門の景を写した背景の前に、二抱えもある大杉を立てて、商品はよしず張りの掛け茶屋の中に飾られてある（…）二階の朱塗りの大門の中では、エプロンをかけた美しい三人の給仕女が、誰彼の別なくココアを御馳走する」（１９１３年12月10日）
クリスマス飾りが「日光東照宮」に見立てた飾りの中に置かれている（明治屋も同じ）。
新年の「歌合わせ」のお題が「社頭の杉」と発表され、こういう趣向になった。和歌と神社とクリスマスが違和感なく（少しはあるが、まあ気にするほどではない）同居している。自分たちが馴染めるようにクリスマスをどんどん変えて取り込んでいったのだ。

「可愛い子供たちのお楽しみ会」

この時期のクリスマスは、完全に「子供向けのもの」として設定されている。クリスマス贈物として紹介されているのは子供向け玩具だし、25日（前後）のクリスマス会も、ほぼすべて「子供向けの会」として報告されている。

1913（大正2）年の教会では「子供らの林檎のような顔はひときわ映えて美しい」と描かれ、1915（大正4）年の教会では「茶目君」ははしゃぎ、「べそ子」は頬を林檎のように紅くしてニコニコしている、とされている。1918（大正7）年は「嬉しい歩みを教会堂に運ぶいたいけな幼児」が、基督教の会堂を賑わしたそうだ。

あくまで「可愛い子供たちのお楽しみ会」というのが教会でのクリスマス会の様子であり、大人たちは微笑ましくそれを見守る、という形になっている。

これも、「キリスト教祝祭の外側だけ受け入れて、その中身は受け入れない」日本方式のひとつであろう（もともと欧米においてもクリスマスは子供向けの側面があるが、日本ではそこをより強調しているようにおもう）。

日本の親も「子供なら」と考えていたのだろう。子供のころに教会に通っても、あまり信者にはならない。それは〝ミッション系の中高一貫校〟に6年間通い、キリストの言葉に日々触れていようと、キリスト教に転向する者がほとんど存在しないのと同じである。親がキリスト教徒でなければ、転向することはほとんどない。それが日本システムである。

クリスマスは「子供の日」として、宗教的ではない行事として、日本に定着していく。どこまでも、ひとつの風俗でしかない。つねに軽く扱われる。

必死で興味を持たないようにしている

たとえば、日本のクリスマスに関する学術的な研究、はほとんど存在しない。お祭りというのは、明治以降、学術研究の対象となっていったが、クリスマスはそういう扱いをまったく受けていない。明治以来受けておらず、いまだにそうである。日本のクリスマスのあらゆる文献を片っ端から見ていったから、そのへんの状況はすごくわかる。何というか、「誰もまともに相手をしていない事象」であり「大人は半笑いでしか相手にしないイベント」なのである。

「明治時代からクリスマスの騒ぎは始まっていた」と言うと、ほとんどの日本人が一瞬だけ驚く。驚くが、その場だけである。覚えない。何年か経ってその話をすると、みなまた、一瞬だけ驚く。忘れる。その繰り返しである。

どう考えてもこれは、何となく興味を持っていない、というレベルのものではない。必死で興味を持たないようにしている、としか考えられない。絶対に持たないように、がんばっているのだ。がんばっているのだから、とりあえず見守るしかない。それが、目に見えない日本の文化の底流の力である。

キリスト教はいつまでも舶来のものであり、外に存在するものであり、クリスマス騒ぎが何百年続こうが、それを伝統とは絶対に認めない。そういう決意が見えてくる。

クリスマス休戦

欧州大戦ならではのクリスマス記事は、開戦の年1914（大正3）年に載っている。

日本は日英同盟を根拠にイギリス側の連合国に8月に参戦しドイツ軍と戦った。ドイツの租借地であった中国のチンタオを占領、また太平洋のミクロネシアエリア（現在のパラオ、ミクロネシア連邦、マーシャル諸島、北マリアナ諸島）も占領し、日本領（租借地、委任統治地）とした。

チンタオではドイツ人を多数、捕虜とし、日本に連れ帰っている。この捕虜たちのクリスマスについての記事が載っている。捕虜は当時、〝俘虜《ふりょ》〟と呼ばれていた。

1914年、大正3年、12月24日、「俘虜の降誕祭」という記事である。

二十四日の降誕祭には東京俘虜収容所内の俘虜に「降誕祭を許す」ことになり、俘虜らは準備にとりかかった。また、静岡にも俘虜収容所があり、余興の模様が記されている。ドイツ人捕虜は日本国内に留められ、終戦ののち本国に送還された。国際法にのっとって、日本はきちんと捕虜を遇し、クリスマス祝いも許していた。

こういうときのため、つまり西洋基督教国に世界の田舎者と笑われないため、明治以降の日本は西洋文化摂取に努めてきたのだ。クリスマスもきちんと輸入しておいてよかった、というところであろう。

日本も欧州大戦の当事者であり、だからクリスマスにもその影響があった。欧州からの舶来品の輸入が少なくなっている、という記事が出る。

「聖誕祭を控えた銀座通　華やかな店飾と玩具の日英同盟」という見出しで、「今年はドイツ物は一つもなく、日本製と英国製の玩具が仲良く雑居して、日英同盟を事実の上で見るのも面白い」（1914年12月14日）

玩具の日英同盟、という見出しが、何とも当時の気分を伝えている。日本は戦勝国であり、国際連盟の常任理事国となり、「世界五大国のひとつ」に数えられるようになった。明治維新から50年で、世界ベスト5入りした、ということになる。あきらかに何かが間違っているだろう、とおもうのだが、しかし、当時はその気分で覆われていたようだ。

三越のクリスマス広告

百貨店が誕生したのは三越が最初で1904年明治37年のことである。

その〝三越のクリスマス広告〟が、1907（明治40）年に初めて載った。

「歳末年始及びクリスマス御進物品」「三越呉服店はデパアトメントストーアに御座候《ござそうら》えば御進物用として適当の品は何品に限らず取揃え陳列いたし居候《おりそうろう》」

そういう広告だ。候文はまだ当時は上品な表現として普段使いされていた。

このあと1908年、1909年もクリスマス広告が載っている。デパートメントストアと名乗っている。百貨店ではなく、そちらのほうが正統の用語のようである。

三越は、大正期の「今日は帝劇、明日は三越」というコピーがいまに伝えられるお洒落でハイソサエティーな空間だった。

大正の末年にデパートメントストアは「土足入店」の店となり大衆化した。それまでは下足番に履き物を預けて入る店であり、買い物しない客は上がりにくかったのだ。

デパートがクリスマスを先導していくようになる。

ラジオとクリスマスの親和性

大正最後の年1926年の三越百貨店のクリスマス広告は「クリスマスの夕べに　ラジオ」という広告が出ている。ラジオを買おうという広告である。

その前年、1925（大正14）年には、ラジオ放送が始まったのだ。

おそろしく高価だったおもうが、値段は載っていない。

ラジオとクリスマスの親和性がいい。クリスマス会の多くは「歌」と「お話」で構成されている。つまりどちらもラジオを通して聴けるものである。

1925年のクリスマス放送内容が新聞に載っている。

「クリスマス前夜放送　二十四日（木曜日）」と題され、午後一時に基督降誕節祝いの演説と合唱、午後六時は、賛美歌、お話、童謡など。午後七時二十五分からは、お話「愛育について」に次いで「南洋の歌合唱　トラック島歌、ボナペ島歌、クリスマスの歌南洋児童二人」があり、ハーモニカ独奏「軍艦マーチ」と続く。

欧州大戦後に日本の支配下（委任統治）にあったトラック島やボナペ島の歌が出ているところが大正らしい。新しい自国領土内ながら異国の香りが強いエリアの音楽を楽しむ、ということとなのだろう。そのあたりまで〝新しい日本〟になったのだ。欧州大戦によって日本の領土（支配地域）が飛躍的に広がった、という事実は、多くの日本人が忘れがちである。1918年から1945年まで、日本はとても広い国だったのだ。

大正時代前半は、〝欧州大戦の勝ち馬に乗って、おいしいところだけをもらってくる〟という気分が支配的である。クリスマスがより盛んになっていく。

そんなおり1923（大正12）年の関東大震災が起こる。この地震で、戦争よりもはるかに多くの人が死んだ。数え方にもよるが欧州大戦はもちろん（この戦いでの日本人戦死者は500人ほどであった）日露戦争の戦死者よりも多くの人が亡くなった。

何より日本の中心都市東京の東半分が壊滅した（あくまで東京市の東半分である）。地震があったのが9月1日の昼だった。

12月はそれからまだ3ヵ月しか経っていない。家屋敷のない人も多かったはずである。しかし12月になると、例年どおりクリスマス記事が出る。

関東大震災直後のクリスマス風景

12月11日には「クリスマスの飾り」という銀座のクリスマス飾りが写真で紹介されている。また、「新しい玩具いろいろ　クリスマスの贈物」という〝今年のクリスマスプレゼント商品の紹介〟も載っている。

「今度の大火事で、子供の国の一番大切な宝物である玩具が取り出す暇もなく灰になってしまった、その数も大変なものでしょう」というのが記事を載せる理由のようである。焼けなかった山手側（東京市中央部）の玩具屋さんは繁盛しているらしい。

震災から100日しか経っていないが、ふだんの生活が描かれている。いまとくらべて、切り替えがかなり早いように感じる。

同1923年12月26日の記事は「盛況を極めたクリスマス午餐」と帝国ホテルのクリスマス模様が紹介されている。

午餐は25日午前11時半孔雀の間で始められ「テーブルの上には鉄砲、自動車等のセルロイド玩具が山のように列《なら》べられて」と、良家の子供もこの午餐に参加しているようだ。昼夜の二部に分かれ、夜は外国人たちが過半を占め、「宴会場は満員、宴後のダンス、非常な盛況で邦人と外人ほとんど半々で日欧米の混合ダンス」という盛況ぶりである。大震災から3ヵ月後のクリスマスとはおもえない。

ただ、アメリカから贈られたクリスマスの支援物資の玩具を子供に配る記事のなかでは、焼け跡で「何もいらぬ金を呉れ」と激しく答えた児童の姿も書かれている。

大正末年には、やたら裕福なクリスマスが紹介される。

翌1924年12月26日に、大正13年の帝国ホテルのクリスマス会について、その高価さを、皮肉なトーンで紹介している。「一万円のクリスマス　会費一人金五円也の華やかさ」という記事である。クリスマスの晩餐会が、帝国ホテルで催され、「いかさま一人前金五円也の会費を黙って払う余裕のある家庭の人達を目当のヂンナー・パーテーだけに、すべてが大仕掛なもの」と書かれている。

1万円というのは、会費5円で2000人集まったので合計1万円ということで、ストレートにゲスな見出しだ。当時の5円は、いまの3万から4万円くらいだろうから「八千万円のクリスマス。会費一人四万円也の華やかさ」と読み替えると、その豪華さが伝わる。ゲスはゲスだけど。

これが関東大震災翌年の帝国ホテルのクリスマスのヂンナー・パーテーである。

そして、震災から3年経った1926（大正15）年、12月25日。

日付が変わってまもなく午前1時25分、天皇陛下が崩御された。

クリスマス当日である。もちろん、クリスマス行事の記事は、ほぼ見当たらない。

短い7日間だけの元年が過ぎ、昭和の時代が始まった。

8章　クリスマスイブを踊り抜く昭和初期

忌日と重なってしまった

昭和に入り、クリスマスの様相が変わる（この章だけ元号表記を前にします）。

大正帝が崩御されたのが12月25日であったため、昭和2年からこの日は「大正天皇祭」となった。先帝が崩御された日として官公庁が休む日となった。つまり祭日だ。

昭和2年以降、日本において、12月25日が休みとなった。

これは昭和22年まで続く。つまり1927年から1947年まで、昭和2年から22年までの21年間、日本では12月25日が休日だったのである。クリスマスが毎年休みであり、クリスマスイブは毎年休前日となった。これがいろんな影響を与えてくる。

12月25日が日本の休日だったことは、けっこう忘れられているとおもう。

ただし、先帝崩御の日としての休みである。

明治期に制定された日本国の休日は、宮中祭祀にもとづいたものが多く、つまり天皇家の祭式にならって国民が休んでいた、という部分が多い。12月25日が休みなのは、家族でいえば父が亡くなった日なので、追悼のために休む、ということである。忌日《きにち》だ。

その日と、バカ騒ぎしていい日である日本人のクリスマスが重なってしまった。

これによって日本のクリスマスは不思議な方向へと動きだす。

天皇家を強く敬う人たちにとっては、先帝の命日は、静かに過ごす日である。

ただ、戦前の日本にも軽佻浮薄な人間はたくさん居る。彼らは休みを遊んで過ごそうとする。政府も、先帝の命日は家に蟄居《ちっきょ》しているように、と強制しているわけではない。

両者は心情的に相容れず、対立する。国体を大事にする派閥と海外を重視する派閥に分かれるという、お馴染みの構図である。国内派か、国際派か、である。

もちろん正面切った対立ではない。どちらもお互い、何となく認めたくないという感情レベルの見えない対立であり、正面切って相手を非難することは、少ない。ただ、この微妙な空気が昭和前期の〝休日としてのクリスマス〟を不思議な形で彩っていく。

憲法学者と柳田國男の見解

憲法学者の上杉慎吉博士は、天皇主権説を唱えた君権学派の教授である。

天皇機関説を唱えた美濃部達吉と対立し天皇機関説論争をまきおこした。この上杉博士のクリスマスに関する意見が昭和2年1927（昭和2）年12月18日の朝日新聞に載っている（上杉博士が自ら投書したもののようである）。

クリスマスは宗教行事なのだから、非信徒である日本人がその日を祝うのはおかしい、ただ子供の日だと考えるとよいのかもしれない、という主意である。

「クリスマスは宗教上のお祭である。その宗教を信ぜざる者が、そのお祭をするということは、実に変妙なわけの分からぬことであるのみならず、人間としての理性と感情とに対して恥ずべきことである。しかるに我が日本において、近年ヤソ教徒ならざる者の間においてすら、クリスマスを祝うことがはやって来た。西洋人は不思議に思っている。（…）

しかし、毎年のクリスマス騒ぎも、子供の遊びと思って見れば、そうやかましくいうにも当たらぬかも知れぬ。クリスマスも祝い、お会式《えしき》にも太鼓をたたき、報恩講にも詣り、恵方参りもするというのも、日本人の物に屈託せぬところと見れば面白くもある。（…）

こんな事を私などが、わざわざ新聞に投書して、一言居士をやるにもおよばぬことであるが、私は今年だけは、少なくともクリスマスを祝うことをやめてもらいたいと、厳粛に申したいのである。いうまでもなく、クリスマス当日十二月二十五日は、畏《かしこ》くも先帝崩御の、第一年に当たる、悲しき日である。国民が去年の今日を思いだして、もっとも厳粛なるべき日である。この日に、メリイクリスマスは余りに不謹慎である。子供の遊びでも大いに慎もうではありませぬか」

天皇こそ国家であると主張した博士としては当然の主張であろう。

この投書に回答を寄せているのが、かの、柳田國男である。

「御もっともなる上杉博士の御意見ではあるが、クリスマスは単に西洋かぶれの名前であって、こんな冬の夜の遊びが、新たに流行して来たものと自分などは解している。はじめから祭りというほどの儀式でもなく、西洋でも本来ヤソ教とは無関係のものであり、東洋でも冬至の夜は古くからこれに類する行事が往々あったからである。本年に限り御遠慮申あげることは賛成である。但し学校その他で、既に見合わせにしている者が随分あるということもつけ加えておきたい。(柳田國男)」(昭和2年1927年12月18日)

名だたる民俗学者であった柳田國男は、明治末年から流行しはじめたこの〝12月25日前後のお祭り騒ぎ〟をクリスマスと呼ぶべきものではない、と断じている。あれは近年はやりだしてきた〝冬の遊び〟にすぎない、そもそもクリスマス自体がキリスト教とは関係のない〝冬至の行事〟である、というのが柳田國男の見解である。

一周忌だけはクリスマスを控えよう

柳田國男が、クリスマス（日本人の12月25日の騒ぎ）は宗教的祭祀ではないと断じているのだから、日本で民俗学的なアプローチでのクリスマス研究が生まれないのはしかたのないことなのだろう。民俗学はクリスマスを相手にしないとここで宣言している。

この君権派憲法学者と、民俗学者のやりとりの内容はとても興味深いのだが（ただ投書に対する回答なので、さほど大きく取り扱われていない。最初、ふつうの市民の投書かとおもったくらいである）、このやりとりの主眼は「昭和2年の12月25日の扱い」にある。

昭和2年、1927年12月25日は、先帝の一周忌であるので、たとえ子供のための会であっても自粛すべきである、と二人の識者の意見は一致している。

一周忌だけはクリスマスを控えよう、という空気が醸成されていたのだろう。

柳田國男は「本年に限り御遠慮申しあげる」と一年限りを強調している。

上杉博士も「今年だけは、少なくとも」と断っているので、一周忌を大事にして欲しいという提案ではある。が、おそらく上杉博士の本心は、大正天皇祭であるかぎりは、毎年、少しは慎んでもらいたい、と考えていたのではないだろうか。

柳田國男としては、クリスマスは宗教行事ではなく、ただの近年の流行なので、大人が相手にするべき問題ではないという立場のようだ。この二人は、上杉博士は統治者側（しかもこのあとより力を大きくしていく天皇絶対主義系統）の思想に立っており、柳田國男は知識人の意見を代表していると見ていいだろう。

クリスマスで騒ぐ気分とはまったく対極に、統治者側と知識人階層にこういう心持ちがあった。そこが、昭和のクリスマス気分に不思議な要素を付加していく。クリスマスで騒ぐことは、本当はやってはいけないことではないか、という背徳感をどこかで抱かざるを得ない。しかし毎年かならず休日なのである。

クリスマス祝賀に、何かしらの言い訳が必要になる。誰にどう言い訳するわけではないが、心のバランスのため、何か理由があったほうが落ち着く。

罪のない子供が喜ぶから、というのがひとつ、キリスト教に共感している、というのがひとつ。そして、おそらくもっとも多い理由は「みんなやっているから」だろう。言い訳になっていない。そのぶんクリスマス騒ぎが乱痴気になって、狂騒ぶりが加速していく。

クリスマスには映画を観よう

昭和2年、1927年大正天皇崩御の翌年のご命日、この日の新聞にクリスマス騒ぎの記事はない。あったとしても新聞としても載せにくい、という空気だっただろう。

ただ12月12日には今年のクリスマスプレゼント品の紹介記事がある。「賑やかに飾られた　クリスマスの贈答品調べ」というもので、クリスマスカードの値段（12銭から80銭）から、クリスマスツリーに飾る小物、チョコレート（美麗な箱に入ったもので3円から30円）、人形などの紹介をしている。末尾の文章が「ドイツ製びろうどの動物は（…）少し大きいのは四、五十円もするのでプロレタリヤは一寸《ちよつと》手が出ない」で結ばれている。50円の人形は庶民には手が出ないのはたしかだろうが、プロレタリヤ、という言葉が出て来るのが、昭和2年らしいところである。

この年は、この記事だけである。ただ、こういう記事が載っているということは、各家庭ではそれぞれ楽しくクリスマス休みを過ごしたのだろう、という推察はできる。

広告のほうはすこし盛んである。百貨店の松屋が「Xマスセール」の広告をだし、三越も出している。明治屋と亀屋もある。

あと、目立つのは映画広告だ。浅草の映画館が「クリスマスの贈物　お歳忘れ命の洗濯」として『決闘商売』『チョビ髯ライオン張り』『与太奮戦記』の映画が紹介されている。アメリカ映画である。無声映画で、弁士がついている時代だ。どうやら、クリスマスに映画を観ようという習慣は、この昭和初年の浮かれた時代に始まったようである。アメリカでは有声映画（トーキー）の製作が始まり、この映画熱は広まっていく。

昭和初年の浮かれた文化は、１９２０年代のアメリカの浮かれた文化とあきらかに連動している。１９１０年代の欧州大戦の戦場にならなかった大国としてアメリカと日本は、ふしぎな繁栄を同時に謳歌していたのだ。

クリスマス狂騒時代

昭和前半の歴史というのは、知識としては知っている。

ただ、毎年の新聞を丁寧に読んでいくと、その知識とはまったく違う気分で覆われた社会が目の前にあらわれてくる。昭和20年に壊滅的な敗戦を迎えることを前提に歴史的な立場から見るのと、そんなことをまったく知らずに日々を過ごすのとでは、世界がまったくちがって見える、ということである。わたしは、そんなことをまったく知らずに歴史を生きている人たちの感情のみに興味がある。それはまたいま現在の自分でもあるからだ。

昭和のクリスマスは狂瀾の度合いを高めていく。

昭和３年から８年（１９２８年から１９３３年）が、まさにクリスマス狂騒時代だと言っていいだろう。

昭和3年1928年になると、クリスマス騒ぎが戻ってくる。12月25日が大正天皇祭であるにしても、それはそれとして、という空気が強くなってくる。

東京朝日新聞でも12月6日から5日連続で「話題と解説」というコラム欄でクリスマスの特集をしている。初日は〝クリスマスの謂《い》われ〟、2日目は〝欧州のクリスマス事情〟、3日目が〝サンタクロース〟、4日目が〝クリスマスプレゼント〟、5日目に〝クリスマスのお祝い料理〟となっている。

街にクリスマス気分が横溢しているのがわかる。10日にクリスマスプレゼント紹介の記事があり、またクリスマスイブのラジオでは、クリスマス特集が組まれている。

子供向けのクリスマス会も盛んである。

かつては教会でおこなわれていたクリスマス祝会は、この時代でも行われていたはずだが、記事になっていない。そのぶん企業主催の子供向けクリスマス会が目立つ。

代表的なのは、森永製菓主催のクリスマスの集いである。

最初は日本青年館で開かれ、のちには日本劇場や日比谷公会堂という、当時のトップクラスのホールで開かれるようになる。

入場料は年によって違うのだが、30銭から50銭、クリスマスの歌、お芝居、お伽噺《とぎばなし》、お笑いそして映画が上映され、みなにお土産が渡される。かなりの人気だったことがうかがえる。毎年目立った広告が出されている。前売り入場券は都内各所の森永キャンデーストアで販売している。

のちに似たような会を朝日新聞も開く。

お子様向けのクリスマスは、教会から離れ、企業主催のお菓子たっぷりお土産付きお楽しみ会として開かれるようになる。内容を見ていると、私でさえちょっと行きたくなる。当時、これに連れていってもらえる子供は、とても楽しみにしていたのだろうとおもう。

キリスト教会でのクリスマス風景は、もう、ほぼ報道されなくなる。

もちろんキリスト教会でのクリスマス祝会が開かれていないわけがない。でも報道されなくなった。異国文化としての報道価値がなくなったのだろう。１９２０年代に入り、クリスマスは教会のものではなく、日本人の一般大衆のものへと移っていったということだ。

欧州大戦ののち、世界五大国のひとつとなったと信じている国民にとって、欧州各国なみにクリスマスを騒ぐことは当然、という気分があったのだろう。やがて、英米と対立状態に入っていくと、いきなりクリスマスはきれいに切り捨てられていく。そのあたりにも、日本のクリスマスという存在の特殊性がよく出ているとおもう。

新聞広告で女性の胸部が露出する

ちなみに昭和3年1928年にはこども大会中止広告がのっている。

「『クリスマスこども大会』は、二十五日日比谷公園で開会の筈《はず》でありましたが、議会開会となり、野外集会禁止となりましたので、残念ながら中止する事になりました」

児童歯科院が企画していたクリスマス会が中止になったのだ。当時は国会が開かれると、野外での集会が禁止になり、それはクリスマス子供会であっても禁じられていたというのがわかる。そういうお上の力がとても強い時代の、市民たちによる大騒ぎというのは、また別の側面を持っていた。

昭和4年1929年のクリスマス記事は比較的におとなしい。経済的に不調だったからだろう。アメリカで株価大暴落の年である。この年のクリスマス記事は、パリ在住の世界的な画家藤田嗣治《つぐはる》がフランス人妻を連れて日本に帰ってきており、その若妻に着物を着せてパーティを開いている写真が載っているくらい。「身の丈五尺四寸、たびは十文半、こま下駄も特別出来（…）舞台の女形の如《ごと》くあでやか」（12月25日）と紹介している。女性に向かっていって、女形のようだ、と言うのは、あきらかに褒め言葉ではなく、すげえ大きな外国女だなあ、と書いているだけで、当時の新聞の大束さがよくわかる。

１９３０年代に入り、日本のクリスマスはより狂奔しはじめる。

まず何より昭和５年１９３０年の紙面に出ている広告が、やたらとエロティックなのである。いまだとNGだとおもわれる女性の胸部が出ている広告まである。１９３０年の朝日新聞の広告にはおっぱいを露出した写真が載っているのだ。

新聞を見ているだけで「エログロ」という文字がやたらと飛び込んでくる。「ウルトラ・エログロ」「世界性愛談奇全集」「猫も杓子もエロだグロだと喚《わめ》く」「ニューヨークの壁画　これがエロとグロの基本図か」

わかりやすい流行語である。ふしぎと退廃的で倦怠感が漂っている。

「大人のための遊興クリスマス」

エログロが流行り、街ではカフェーが大流行した。

カフェーは珈琲だけでなく、ビール、洋食などを摂る店である。女性が接待に出るが、むかしながらの待合やら茶屋などと違って、洋風である、というところに意味があった。

その洋風の女性接待付き飲食店が、1920年代から爆発的な人気となり、1930年代にはその退廃的風潮とあいまって、より注目されるような店となった。

この、カフェーと、もうひとつ、ダンスホールを中心として「大人のための遊興クリスマス」が盛んになってくる。

カフェーにしても、ダンスホールにしても、それまでの日本に根強く息づいていた純日本的風俗（待合や料亭や、妓楼で遊女や芸者などと遊ぶこと）に対して、よりモダーンな感じがしたところが受けたのだろう。性風俗でも、西洋風が好まれた。そこにクリスマスは簡単に融合した、ということである。

クリスマスはある意味、〝西洋的であるというサイン〟でしかない。誰もさほど大事にしていないので、便利使いされている軽いメルクマールなのだ。

1930年代前半には熱狂的にクリスマス騒ぎが広げられるが、後半になるとあっという間に切り捨てられる。この熱狂的狂瀾クリスマスの記憶さえ捨てている。あまりにも冷淡である。1980年代の熱狂的クリスマスが話題になったことがあるが、1930年代の熱狂ぶりはその比ではない。この時代のほうがあきらかに派手である。

昭和4年1929年の紙面からはカフェーのブームが感じられ、昭和5年1930年の紙面からはウルトラなエログロの空気が伝わってくる。

　昭和5年1930年のクリスマスも、大騒ぎをしている。

　神田で開かれたキリスト教青年会（YMCA）主催の「国際クリスマスの集い」のレポートが載っている。

　英米を始めとして十国以上の人々が総勢200人近く集まり、余興を楽しんでいる。「イス取り」「風船玉の破裂」「嫁さがし」のゲームで、笑い転げ、騒ぎつくして、時の経つのも忘れたという。キリスト教青年会の集いなのに、キリストも降誕も、旧約聖書のことも記事には出てきていない。御当世ふうに浮かれ騒いでいるばかりである。

「Xマス・イヴを踊り抜く」

　昭和6年1931年になると、もっと派手になってくる。

　12月13日日曜の「こどもページ」はほぼ一面がクリスマス特集で、クリスマスやサンタクロースの由来や、海外のクリスマス風景、野口雨情の詩「クリスマス」、ロシアの伝説など、クリスマス関係の記事が満載され、80年を越えて見ていても、楽しい気分が伝わってくる。

　12月16日には家庭欄では、クリスマスツリーの大きさから、贈物の贈り方、お昼のディ

クリスマスイヴの熱狂（1931年12月25日付東京朝日新聞より）

ナー（御馳走という意味でしょう）の内容などが紹介されている。家庭にもきちんとクリスマスが定着しているのがわかる。

クリスマスイブは「Xマス・イヴを踊り抜く」との見出しが目立つ。

昭和6年１９３１年12月25日の記事。

「ここはインターナショナル帝国ホテルのクリスマス・イヴ――、きらきら光るツリーの下からジャズが流れて、踊る踊る、さすがの大ホールは溢れるばかり。男女の群が御自慢のステップを踏む、赤や青の紙えぼしを道化師のそれのように被って狂喜するのが目につく、其の肩の間を縫ってグロテスクなサンタクロースが進む」

大混雑のダンスホールの写真が載っている。目を見張る混雑ぶりである。

女性は和装と洋装が入り交じっている。紙えぼし、つまり紙の烏帽子ですね、いまでも見かけるクリスマスのときにだけ出てくる紙の三角帽、とんがり帽子ですが、それを被っている男性もいっぱい写っている。この帽子を被ると「私は全力でふざけているのだ」というサインになってわかりやすい。東急ハンズで買えるような近年の三角帽より、もっと頑丈できちんと作ってあるように見える。熱狂が伝わってくる写真である。

クリスマスの夜に汚物をまく

ただこの狂瀾クリスマスをおもしろくないとおもっている人も実際にいた。

昭和6年1931年12月26日の記事。

「仮装舞踏の最中　暴漢汚物をまく　クリスマスの夜を踊り狂う　新宿帝都座の騒ぎ」

「二十五日午後六時半頃、百二十余人のダンサーを擁し、都下でもっとも豪華を誇っている開場間もない四谷区新宿三丁目三三番地帝都座ビル内ダンスホール帝都座に、二人組の壮漢が暴れ込み、汚物騒ぎを演じた」

「まさにフォックストロットが始まろうとして、九十組ばかりがステップをふもうとした時、にこにこがすりの袷《あわせ》に袴《はかま》を穿《は》いた五尺八寸ぐらいの大男と洋服の男とが、場内につかつか」と入って来て「ホールの真中に立ちはだかり、いきなり大声に『この馬鹿野郎ども！』とどなるや一升びんに詰めた汚物の栓をとって、ぐるぐる頭上にふり回し、あたり一面にまき散らした上、そのびんを床上にたたきつけた」

命の次に衣装が大事な１２０人余の女性ダンサーは悲鳴をあげて逃げ惑い、３００人余の踊り客はあっけにとられた。

和服の男は悠々と5階から4階へ階段をおりているところを事務員にとらえられ、駆けつけた警察官に引き渡された。男は39歳、新宿の暴力団員で、「わたり」をつけようとして断られたので汚物をまいたという。「満州事変の起こっている際、踊り狂っているのは怪《け》しからぬから、やったのだ」とも語っている。ダンサー小杉千代子は言う。「六時半頃だからよかったものの、あれが八時から十時頃の混み合う時だと大変だったと思います」。

当時のダンスホールの雰囲気がよくわかる。

ビッグバンドがジャズを中心に演奏し、女性ダンサーは１２０人いて、ホステス役もやっている。客は彼女たちと踊る。クリスマスが一年でもっとも稼ぎどきだったとおもわれる。

壮漢は「満州事変が起こっているのに、怪しからぬ」と言っているが、新聞ではそのひと言だけである。記事は、あくまで暴力団員が「わたり」をつけようとして断られた（いわゆるミカジメ料を取れなかった）ことが騒動の原因だとしており、満州事変の、という部分は後付けの理由だと言外に記している。彼の口からはそういう言葉が出ているが、どう見ても、用心棒代を払わないための嫌がらせだろう、と読める記事である。

つまり、新聞は、満州事変だからクリスマスは自粛するべきだ、とはおもっていないのだ。しかし、世間の一部では反クリスマスの感情があるということも示唆している。

満州事変くらいでは熱狂はおさまらない

満州事変はこの昭和6年1931年の9月に勃発し、翌年の満州国成立をもっていちおう終結する。

この12月は関東軍は満州エリアにおいて戦闘を継続している。紙面にもその状況は刻々と伝えられているが、しかし、後年の私たちが考えるほど（このあとこの動きがどうつながっているかという視点から憂うほど）世間は動揺していない。楽観している。

日露戦役も欧州大戦でも日本は勝ったわけで、日本軍は初動の電撃作戦が得意で序盤で勝ち続けるし、日本軍は世界でもトップクラスに強い軍隊だと国民全体が信じていたのだ。陸軍という役所が、海外でまた次の事業を始めているというような他人事感がとても強い。国民ががんばらなくても、軍隊が何とかしてくれるよ、という雰囲気がある。たぶんそれが当時の正直な気持ちだとおもう。

満州事変や国際連盟の脱退くらいでは、クリスマス熱狂はおさまらない。

そのへんのクリスマス昭和史は、できれば強く覚えておいていただきたい。

もちろん「ぼんやりとした不安」を抱えていた人たちもいたのだろう。その不安ぶん、かえって狂瀾的騒擾に走っていた、と見られなくもない。事象としては満州事変が勃発した昭和6年から3年ほどが〝日本クリスマス史上もっとも狂瀾的に騒いでいた時期〟である。

もう一度、繰り返しておく。

「満州事変や国際連盟の脱退くらいでは、昭和のクリスマス熱狂はおさまらなかった」

しっかり記録し、きちんと記憶しておくべきである。


昭和7年1932年になり、朝日新聞社も「朝日こどもの会　クリスマス」を朝日新聞社講堂で始めた。時流に遅れまいとしたのであろう。音楽演奏に歌劇、斉唱独唱、児童劇があってパラマウント発声映画、ジャッキー・クーパー主演『スーキー』が上映される。入場料は20銭。朝日新聞社が「子供向けのクリスマス会」を始めたのは、満州事変の翌年からだというのも昭和の世相史として記憶すべきポイントである。

こどもの会とは関係ないが、映画『キング・オブ・ジャズ』の広告もあり、ラインダンスで足をあげる女性イラストが描かれ、しっかり煽情的で、目立つ。昭和初年の日本はしっかりジャズの国であった（ジャズは敗戦後の文化ではない、ということを言っている）。

過剰なデコレーションで大火災

昭和7年１９３２年の12月16日、日本橋の百貨店白木屋《しろきや》で火事が起こる。号外が出されるほどの大事件であった。

「日本橋白木屋の大火　四階から発火　死傷多数に上る　猛火に包まるる白木屋　焦熱地獄の惨！　消防の効果なし　高層は救助絶望　陸軍機七台出動す　原因は漏電か　Xマスの飾りから発火　玩具係りの女店員語る」

これが第一報での見出しである。

死傷者が80人を越えた（死者は14人、ほとんどが墜落死）。

おもちゃ部女性店員（20歳と19歳）の証言「九時二十分と思われるころ、玩具部に造ってあったとても大きいクリスマスデコレーションに漏電で発火して、つるしてあったセルロイドとそこに置いてあったセルロイドの玩具に燃え移ったために、非常に火勢が強く、見る間に店内に燃え拡がったものと思われます」

クリスマスツリーに飾られたデコ電球から漏電して、ぱちぱち発火、それがセルロイドのデコレーションに燃え移り、セルロイドのおもちゃも燃え、セルロイドからセルロイドへとあっという間に燃え移って鎮火できなかった、ということである。

これ以降、百貨店などのデコレーションからセルロイド製のものが排除される。日本初の高層建造物火災の原因は、昭和7年1932年当時の熱狂的クリスマスの過剰なデコレーションにあった。これまた記憶されていいポイントだとおもう。

この白木屋の火事は大きなニュースとなり、のちのちまで語られることになる。

1932年当時37歳だった私の祖母と、7歳だった母が、のちにこの火事のことをよく語ってくれた。高層階から綱にぶら下がって降りようとした女店員は和装で、下着（ズロースと呼ばれていた）を着用しておらず、着物の裾が乱れることを気にするあまりに綱を手放して転落死した、ということを、祖母も母も繰り返し語っていた。これは火事の1週間後に白木屋の山田忍三専務が朝日新聞の取材に対して「裾の乱れを気にして　むざむざ死んだ女店員」（12月23日）と語り、ズロースの着用を勧めている記事でも確認できる。

ただ、これは事実誤認だったらしい。また、白木屋大火ののちに、女性のズロース着用者が増えた、というのもどうやら事実に即しないということである。

火事ともクリスマスともまったく関係ないことながら、大火の3日後、日本の言論機関は共同宣言を発表している。

「満洲の政治的安定は、極東の平和を維持する絶対の条件である」「満洲国の厳然たる存立を危うするが如き解決案は（…）断じて受諾すべきものに非ざることを、日本言論機関の名に於て茲《ここ》に明確に声明するものである。昭和七年十二月十九日」

平和そうな日常の記事を読んでいるなかで、こういう強い宣言を読まされると、少し驚く。あきらかに言論機関からの自主的な発言である。リットン調査団の報告書に対する宣言であろう。日本の世論はこの宣言にも牽引され、国際的な孤立を選んでいくことになる。軍部の情報の出し方がずるかったとはいえ、国際的孤立は、国民がみんなで選んでいったのだとよくわかる。国民はべつだん戦争のただの被害者ではない。

「思えば、大衆化したものだ」

その4日後の昭和7年1932年のクリスマス記事。

「天が下は総動員　クリスマスの歓呼　我国でも今や全く年中行事に　華かな催しに祝う」

見出しの横にサンタクロースの巨大な顔のイラスト。かなり大きな記事である。

狂騒時代のクリスマスらしい紙面が作られている。

クリスマス音楽の会の紹介から始まり、クリスマスの舞踏会が紹介される。ラジオ番組の紹介、クリスマスレコードの売れゆきの記事が続き、あとは高級な帝国ホテルと上野精養軒の降誕祭のお祭りが紹介され、そして銀座の大売り出し、カフェー、バーの繁昌ぶり〝1円から1円50銭の高価なクリスマス・ヂナー〟が紹介され、クリスマスケーキの人気と、七面鳥を扱う鳥屋が大忙しと書かれ、最後はこの一文で締めくくられている。

「思えば、クリスマスも年中行事として大衆化したものだ」

1930年代の東京のクリスマス風景を漏れなく取材している。

かつて子供のためのクリスマスとして出発していた「宗教要素のまったくないクリスマス」は、昭和に入り、大正天皇祭として祭日となったこととあいまって、大人の遊びの日となっていった。その様子がよくわかる。ホテル、レストラン、ダンスホール、カフェー、バー、という大人エリアでのクリスマスが大変盛んになっているのだ。

しかし新聞から感じるクリスマス騒ぎのピークは昭和8年1933年だろう。

昭和8年1933年の春に、日本は国際連盟を脱退する。全権松岡洋右《ようすけ》はしきりに英雄扱いされ、書籍や雑誌の広告にたびたびその名前が出て来る。

また新聞各面で「非常時」の文字が目につくようになる。

ただ、このあとの本当の非常時に較べて、まだあまり本気のものではない。いわば商売としての〝非常時〟であり、民間が勝手に唱えている私的な〝非常時〟である。このあと国家が、非常時である、と本気で唱えたとき、あらゆるものがふっとんでいく。

昭和天皇のご長男がお生まれになって

この昭和8年1933年の11月に〝ダンスホール事件〟が起こる。

赤坂のダンスホール「フロリダ」の男性ダンス教師が、数々の女性と関係を持っていた〝女性を翻弄する悪魔〟として検挙される（色魔と書かれている）。相手は良家の子女から、ダンサー、女優、有閑マダム、はては貴族夫人にまで及び、この貴族夫人が巻き込まれたことによって一大スキャンダルとなった。世間が大いに注目する。「ダンスは是か非か」「ダンスホールの醜聞」という特集が雑誌で組まれ、公序良俗を乱す場所として、世間から指弾される空間となっていった。ダンスホールはクリスマスを過ごす場所だから、クリスマス騒ぎに対する批判的な空気がではじめた。

昭和8年1933年の12月23日午前6時39分、昭和天皇のご長男がお生まれになった。平成の今上天皇である。「お世継ぎ」誕生は、大ニュースとなって日本中をかけめぐる。

翌々日12月25日の新聞見出しに「奉祝の歓声とどろき続く　Xマス」とある。

「奉祝！奉祝！　なにもかも張り裂けるような喜びに満ちみちた二十四日の奉祝第二夜

は、クリスマスとの二重奏だ（…）この挙国一致の熱誠は、もちろん西洋好みのサンタクロースのお爺さんを狂喜させて、ダンスホールでもカフェーでも、お爺さんはみんな『奉祝』のマークをいれてよちよち歩いている」

「にらまれつづけのダンスホールでもこの夜はいと朗らかにジャズに合せてのいも洗い」

ダンスホールへの締め付けが、皇太子生誕の騒ぎにまぎれて、何となくうやむやになってしまっている。これが昭和8年クリスマス大騒ぎの風景である。

「こんなクリスマス風景は珍しい」

昭和9年1934年は、東北飢饉の年だった。

12月4日の「本紙寄託　東北凶作義金」の記事があり、東北の子供たちに〝同情〟してあげようという内容である。自粛ムードが漂っている。

12月8日には、クリスマスの装飾品の売れ行きが悪いという記事があり、その要因は「風害凶作で一般に遊び気分がない事」「次にカフェーバーなどでクリスマス気分を喜ぶ学生群を閉め出していること」とされている。東北の飢饉と、昨年のダンスホール事件以来の締め付けによって、装飾ものは売れない、ということである。

「二十四日、クリスマスイーヴ……銀座街頭に紋付、袴で日の丸の国旗を振りかざした人々が氾濫し、一方には道化帽、仮面姿で『あな嬉し、喜ばし……』と足もそぞろだから、今年のクリスマス風景はすさまじい。国際情勢の変化か日本精神のめざめか、難しい事情は抜きにしても、こんなクリスマス風景は珍しい」（12月25日）

人でごった返す銀座の写真が載っている。大騒ぎはしているが、どこかに抑えようという空気も見えるのが昭和9年1934年のクリスマスである。

昭和10年1935年にはあまり騒いでいるクリスマス風景が報道されていない。銀座のクリスマス飾りについて、ことしも見事で、見とれている人たちの描写がある。ただ、クリスマスパーティそのものの記事が見当たらない。

クリスマス時期の事件記事が目立つ。もっとも目立つのは二見敏雄の逮捕である。12月25日に「黒色テロ首魁《しゅかい》二見敏雄捕わる」「風の如く帝都潜入／凶魔・銀座街を遊歩／Xマスの誘惑に敗残す／手に六連発と実弾」という記事が大きく掲げられている。二見敏雄は銀行襲撃犯であり、党員リンチ殺人をおこなった黒色共産党の巨頭だそうである。

24日夕7時ごろ京橋区銀座二丁目大倉組前街頭で特高課員に逮捕された。凶魔二見が手錠をしたまま煙草に火をつける写真が大きく載っている。「『友人がクリスマスの御馳走をすると云うから……』と云って外出中捕まった」らしい。クリスマスには外食を楽しもうとしている、当時の空気がわかる。

カフェー、バー、ダンスホールに関する記事はないが、広告はとても多い。

クリスマス期間はオールナイトで舞踏会を開いている、としきりに宣伝している。

反キリスト派のやけくそクリスマス

昭和11年1936年になると、時局は非常時に近づいているが、しかしまだ何ら規制がかかっているわけではない。クリスマスはふだんどおりである。

森永製菓の「クリスマスの集い」も第9回となり、日比谷公会堂で盛大に開かれている。松竹レヴューに柳家金語楼の落語、映画は『ミッキー坊やが盗まれた』『ポパイの冒険談』などと盛りだくさんである。1928年に登場したミッキーマウスはすでに日本で人気である。

12月22日には阿部定に温情判決が下され、23日は3回目の皇太子殿下の御誕辰《ごたんしん》で、そしてクリスマスを迎える。25日は当時大人気の子役シャーリー・テンプルちゃんのクリスマス写真が大きく掲載されている。

クリスマスはやはり賑わっている。12月25日の記事。

「もみくちゃXマス・イヴ／二十四日宵、いわゆる『クリスマス・イヴ』である、この宵、カフェでは怪しげな紙製の帽子を出し、人はこれを冠って酒を呑んだり、踊ったり、散歩したりする」

多くの酔客が銀座の街角を歩きまわり、ごった返しているとの記事である。「華やかなクリスマス飾りの下に押し出した人波、空っぽなのは電車の中だけというありさま、この人波の中には反キリスト派のやけくそクリスマスというやつも交じっているらしい」。反キリスト派のやけくそクリスマスというのはよくわからないが、非信者のことだとすると、ほぼ全員その派のはずである。

とにかく「到るところ『キリストの降誕』などは遥か彼方に置いてけぼりにした底抜け騒ぎ」が展開されていたのが、昭和11年1936年の帝都の姿である。10ヵ月前、2月26日に青年将校の反乱によって戒厳令が敷かれた帝都においても、そのような動きとは無関係に底抜けの騒ぎが繰り広げられた。

二・二六事件から10ヵ月後の銀座クリスマスは「とんがり帽をかぶり、クリスマスデコレーションの下に多くの人があつまり底抜けの騒ぎを繰り広げ、ただ市電だけがひっそりしていた」という風景も覚えておいたほうがいいとおもう。

二・二六事件くらいでは昭和のクリスマス騒ぎはおさまらない。

サラリーマンや知識人の哀しい祭り

この年、詩人の萩原朔太郎《はぎわらさくたろう》が「クリスマスの悲哀」という文章を寄稿している。

キリスト教徒でもない日本人がクリスマスを祝祭するとは何事だろうと、朔太郎はかつて百貨店の前で「このタワケモノ奴等《めら》」と怒鳴ったことがあるそうだ。

しかしこのごろでは、クリスマスの必然性を認めるようになってきているという。

「元来お祭好きの日本人が、今日の民衆的祭日さえも無く、その点で寂しがってることを知ったからだ」。西洋には謝肉祭や花祭りという民衆がこぞって参加して生活の憂苦を忘れる祭りがあるが、日本にはない。

「下町の町家や職人等には、神田祭や山王祭があるけれども、学生やサラリーマン等の知識階級が、一所に山車《だし》をひいて騒ぐわけに行かない」「僕は昔、森鷗外訳の即興詩人をよみ（…）ヴェニスの謝肉祭を羨望した。知識階級という者がなかった江戸時代は神田祭等が民衆全般の祭日で、西洋の謝肉祭みたいなものだったろう。しかるに今日の日本には、そうした国民的祭日がないのである。サラリーマン等がクリスマスに浮かれるのは、彼等の『失われた祭日』を回復する為の郷愁であり、まことに悲しい現代日本の悪文化表象であり、それの皮肉な諷刺画でもある」（1936年12月25日）

サラリーマンや知識人の哀しい祭りとして、クリスマスは存在しているのだ、という詩人の観察である。きわめて鋭い観察だとおもう。柳田國男の卓見とともに、昭和初年のクリスマス観として記憶されるべき分析であろう。

ただ、この哀しい悪文化さえも、この１９３６年かぎりとなった。

日本の社会は昭和12年１９３７年から一変する。

9章　戦時下の日本人はクリスマスをどう過ごしたか

8年間の異様な時期

かつて、昭和の中ごろに受けた教育では、戦前はずっとずっと暗い時代だった、と強く教えられた。あれはあれで、戦前の教育と同じレベルでの酷いものだったとおもう。左翼思想の哀しき表出であった。

その、「暗かった戦前」というのは、この１９３７（昭和12）年から始まる。

１９３７年に支那事変が勃発し戦時体制となり、１９３８年国家総動員体制（国の指令による非常時となる）、１９４０年大政翼賛会成立につながっていく。

戦前日本で、クリスマス騒ぎが自由にできなくなるのは１９３７年からである。昭和12年から20年、１９３７年から１９４５年の8年間が「日本社会における異様な時期」となっている。

1945年の大敗戦の衝撃があまりに大きく、その源流を1936年以前にまで求め、そこから間違っていたという検証をしたため（検証そのものは有意義であるが）、戦後の教育では1936年以前の社会もずっと暗かったイメージを与えられたが（1958年生まれの私は教育によって徹底的にそう教えられた）、それは、まったくの間違いである。暗いのは1937年から、本格的に暗くなるのは1938年から、生活じたいが息苦しくなるのは1940年からである。そのへんも覚えておいてもらいたい。それ以前は、いまよりももっとバカっ騒ぎをしている社会であった。

1937年、昭和12年7月、盧溝橋事件を発端として、支那事変が起こる。

1931年の満州事変とは、レベルが違う。日本と中華民国との全面戦争である。紙面の空気がまったく違っている。ただ宣戦布告がなかったために事変と称された（これを戦争ではなく事変と称したことが、歴史的にも大きなポイントである）。12月には南京を陥落させ、その写真も新聞に載っている。その南京城門爆破写真の下には、ハリウッド映画『二人のメロディ』『画家とモデル』の広告が載っている。

「ヒ総統・皇軍を絶讃　〝果敢！寡兵よく衆敵を撃破〟」との見出しもある。ヒ総統とはドイツのヒットラー総統。

12月18日「第十回　森永クリスマスの集い　中止」の広告が載る。

「皆さま　お待ちかねのことと思いますが　今年は皆さまのお父さんやお兄さん方が遠く戦地に行かれてどこもお忙しい時ですから　今度だけは森永クリスマスの集いをやめることにしました。どうぞあしからず（森永サンタ爺さんより）森永製菓株式会社」

サンタクロースが日の丸を左手にもって頭上に掲げ、右手で肩から担《かた》げている袋には「キモンブクロ（慰問袋）」と書いてある。毎年この広告をチェックしていた者としても、とても残念である。今度だけは、と書かれているが、もちろん翌年に再開されることはない。

帝国ホテルが宴会を永久に取り止める

12月24日に日比谷公会堂で朝日新聞社主催のイベントが開かれているが、これが「皇軍大捷《たいしょう》の歌発表会」となっている。おそらくクリスマスイブイベントとして会場を押さえていたものが、時局が大いに変わって、戦勝を祝う会に変更したのではないかとおもう。

ただライオン子供歯磨きの会は開かれたようである。

「ライオンコドモ歯磨　愛用者ご優待　面白い楽しいコドモデー
十二月二十四日　午前十一時より午後三時まで　東京宝塚劇場　入場料一円　ライオン歯磨きご持参の方が五十銭」

クリスマス、という文字がどこにも入っていないため、言い訳が通ったのかもしれない。またこの年、帝国ホテルが、クリスマスの宴会を永久に取り止めるとの宣言をしている。

1937年12月24日「Xマス・ダンス　永久取やめ」

「帝都の華やかな年中行事としてモボ、モガ連に渇仰されていた帝国ホテルのクリスマスも今年は時局に遠慮して中止する事になった」

帝国ホテル犬丸専務も、西洋のクリスマスを紹介する帝国ホテルの使命も十分に果たしたので、もうやりませんと、感慨深そうに語った。いつもは24日の晩餐会と舞踏会、25日の子供クリスマス祭に「五千人の老若男女を呑吐《どんと》した」クリスマス祭りも今年から中止。形ばかりの小さなクリスマス・ツリーが飾られ、外人の宿泊客に限ってクリスマス料理が供される。「サンタクローズも淋しかろう」と結ばれている。

我が国とあまり関係のないクリスマス祭りを、ついに、国体護持派が公然と攻撃しはじめたのである。あきらかに暴力的気分を呑んでの攻撃であったため、しかも相手は思想的にクリスマス祭りを弁護する言葉も持たない商売人がほとんどであるため、あっという間に、一斉に黙りこむことになった。

警視庁の取り締まり宣言

ダンスホールも、公然と取り締まられることになる。

「泣面Xマス」帝都のダンスホールのクリスマスイーヴの舞踏会は、非常時局に遠慮し、また内務省と警視庁からの通達により、夜遅くまでの営業と仮装舞踏とクリスマス用のイベントが中止された。「寂しいクリスマスイーヴを迎えることとなった」。

クリスマスの特別な営業は自粛させられ、通常営業しか許されない。非常時なのだから、おもしろおかしく騒いでいるだけで取り締まる、と宣言されている。

新聞のクリスマス風景レポートは以下のものとなった。

1937（昭和12）年12月25日「涙雨のXマス・イヴ／事変下のクリスマス・イヴ」帝国ホテルも、銀座、新宿の盛り場も、自粛自戒でクリスマスは返上。「折も折の氷雨に見事流れ去ったクリスマス・イヴだった」〝防共三国旗〟の目立つ銀座八丁もショウ・ウインドにツリーがたった1本で、「街には酔っぱらいもない」と報告されている。新聞記者も何だか寂しそうである。

ただ「爆撃機の下で怖《お》ず怖ずと踊る某ホール」というダンスホールの写真が載っている。クリスマスだと騒がなければ、ダンスをしてもいいようだ。とはいえ、装飾は日本軍の爆撃機であり、またとんがり帽子をかぶっている人は一人もいない。

必要以上に目の敵に

右翼や、警察などは、クリスマス騒ぎをとりやめさせたいと強くおもっているようだ。しかし、ここ十数年、毎年大騒ぎしていた年中行事を、すべて取り止めることはむずかしい。帝国ホテルはクリスマスイベントをやめてもホテル営業はできるが、ダンスホール、カフェーは、クリスマスだから休業するというわけにもいかない。大騒ぎにならぬよう、目をつけられないようにしながら、しずしずとクリスマスパーティは開かれている。

それが1937（昭和12）年。わかりやすい日本社会の変わり目である。

1938（昭和13）年になり、近衛文麿内閣によって国家総動員法が可決され、国家総動員体制になる。国の指導による本物の〝非常時〟体制に入った。

当然、クリスマスは必要以上に目の敵にされる。

1938年12月13日「『忘年会』忘れらる　銃後師走　Xマスも返上」

「内務省では、昨年通りクリスマスのお祭騒ぎ禁止令通達をそのまま励行させる。カフェー、バー、ダンスホールの自粛は勿論、デパートや商店街の華麗なクリスマス装飾は一切無用」となった。装飾さえ禁止された。国は本気である。

また東京都にあるキリスト教各派では「キリスト教聯合東京時局奉仕会」を結成し、傷病兵と戦没将兵遺族を招待した「クリスマスの集い」を催すことになった。クリスマスプレゼントは廃止され、前線への慰問袋発送を計画している。

ただ、まだ、街のクリスマスレポート記事は載っている。非常時体制とはいえ、どこか少しだけ余裕がある。

1938年12月25日「七面鳥は半減　法度破りのカフェー等にお灸　事変下・自粛Xマス」カフェーやバー、大喫茶店にはまだ、クリスマスで儲けようと「脱法的に晩餐券、シャンパン券等を発行」して、女給に前売りさせ、店内に華美なクリスマス樹や装飾をしている店があった。数日来の警視庁の内偵の結果、「銀座、新宿、池袋の某大カフェー四軒を極端なものとして」1週間の営業停止処分にした。客を装って内偵に入った警察官にクリスマス券を売ろうとして、摘発されたのだ。まだ隠れてクリスマス会を開こうとしていたカフェーもバーもあった。支那事変くらいではクリスマス騒ぎを終わらせたくない、と業者はおもっていたのだ。ただ、国家がそれを許さなかった。

今回は本気なのだ、と風俗業者も気が付き始めたのだろう。

クリスマスは禁止されたが、そのあとの12月30日、歳末時期には、新橋から銀座を越えて日本橋まで、まるっきり身動きできないほどの混雑ぶりであったと報道されている。デコレーションは万事控えめになっていたが、売り上げは例年の3〜4割増とされている。支那事変からしばらく、戦争景気もあり、日本の景気はよかったのである。いまは忘れられているが、外地で戦争が始まると、内地の景気はよくなるものなのだ。外地で行われているかぎり、国民は戦争を支持（というか応援というか）していたのである。

最後のクリスマスの文字

1939年。昭和14年。支那事変3年目なので、聖戦三年、などの文字が躍る。9月にナチスドイツがポーランドに侵攻し、英仏との交戦状態に入った。新聞では「欧州の大乱」として報道している。ちなみに、イギリスは辛くも抵抗をつづけるが、フランスは1940年にあっさりと負け、あっさり降伏した。以後、フランスは、ドイツ・イタリア側に属する。第二次大戦中はフランスは日本サイド（枢軸国側）の国家だったのだ。

この1939（昭和14）年もクリスマスの記事はいくつか掲載されている。12月21日、神田YMCA会館で、在京の留学生のクリスマス会があり、22日は永田町ドイツ大使館ホールで同盟国の〝ドイツのクリスマスの歌〟を聴く音楽会が開かれた。12月23日、戦時下の独英米のクリスマスの様子を「国際電話と特電」で取材している。

新聞記者はどうしてもクリスマスの記事を書きたいようである。

12月25日、「自粛のXマス・イーブ」、都内のイブレポート記事。この年の24日は日曜だったので、各デパートは「家族連れの買物部隊で」、とんでもない大混雑、また浅草、日比谷、銀座の歩道も大変多くの人が出歩いた。ことに銀座は押しても突いても歩けぬ大混雑だったらしい。ただ、カフェー、ダンスホールは、昨年以上にきちんと自粛して、デコレーションなく、またクリスマスの文字もあまり見当たらなかった、とのことである。

表面上はかなり自粛がいきわたっている。どっかで見つからないように地味にクリスマス会をやっていそうだけれど、見つかっていないかぎりは記事にならない。

まだ戦争3年目、早く戦争が終わって、もとどおりのクリスマスができればいいのに、という気持ちが何となく洩れてきている。支那事変はたぶん、まだ他人事だったのだ。

この年の新聞広告にメンソレータムの広告があり「クリスマスプレゼント！／オモチャトトモニメンソレータム」という文字が入っていた。これがこの年の広告に入っていたたった一つの「クリスマス」の文字である。そしてこれが最後のクリスマスの文字である。

翌年より、新聞広告から、クリスマス、の文字は消える。

どうにかしてクリスマスの記事を載せたい

翌1940年。昭和15年。

10月に大政翼賛会が成立した。国会の席は政党別ではなく、五十音順に座ることになった。東京會舘が大政翼賛会本部となるため閉鎖された。歌舞伎座の演目も変更があった。ふつうの国ではなくなった。クリスマス騒ぎは禁止。それでもクリスマス記事は載る。

1940年12月21日の外電。「ダンス解禁のXマス　ホッとしたドイツ民衆」イギリス報復爆撃を始めてからカフェーやバーのダンスが禁止されていたが、クリスマスを機に日を限って解禁され、ドイツ国民は朗らかだ、と書いてある。12月25日に戦時下の仏英伊のクリスマスレポがあり、翌日には「例外のクリスマス私語」と題され東京の中央電話局国際台で、電話交換手が米独らの交換手と「メリークリスマス」と短く挨拶している、と記されている。クリスマス記事を書きたくて、何とか探してきた感じだ。

新聞記者には、クリスマス記事をどうしても載せたいという固執があるように見える。いろんな工夫をして、いくつか〝クリスマス〟の文字の入った記事を何とか書いている。国民も、自分たちが騒げないけれど、どこかでやっているクリスマスの記事を読みたがっていたのだろう。昭和初年の日本国民はとてもクリスマスへのこだわりがあったのだ。

いよいよ1941（昭和16）年から対英米戦が始まる。同時に中国にも宣戦布告した。国を挙げての世界戦争である。厳しい4年間の始まりであった。

1941年のクリスマスは、開戦からまだ2週間余りしか経っていない。

1941年12月26日に「頑敵陣のXマスに　夜襲巨弾の〝贈物〟　今は空し香港の抵抗」という記事がある。香港でイギリス軍と戦っている記事である。「果然今年のクリスマス・イヴは彼らの心胆を奪って行くものであった。彼らの懐の中に飛び込んで来たサンタクロースは、大きな袋に実弾をぎっしり詰め込んでいた。日本軍からイギリス軍へのプレゼントは香港島に上陸した巨砲陣から一斉射撃に次ぐ殲滅的な夜襲であった」。洒落ているのか、よくわからない記事である。あまり品がよくない。

12月24日には「抹殺せよ〝アメリカ臭〟」という記事がある。

日本を毒してきた〝浮薄なアメリカニズム〟を生活から追放するために、民間人が自主的に、街のアメリカかぶれしたものを摘発しはじめた、という勇ましい記事である。こういう自主的な行動が生活を息苦しくしていったのだろう。

ちなみに1941年は電撃作戦により日本軍は連戦連勝の最中、大きに戦勝国気分にひたっており、1942（昭和17）年も国民気分としてはほぼ同じである。

1942年は、国内のクリスマスについての言及はなく、海外ネタばかりである。

12月21日「敗戦二題（…）嘆きのXマス　くさる在支空軍将校」アメリカを敗戦国扱いしており、在支米軍がクリスマス資材が少なくて嘆いている、との報道である。

12月22日「これが敗戦米国民の消費生活　政府も悲鳴あげるXマス気分」ニューヨークではクリスマス気分にあふれ、あり余る金と贅沢をほしいままにし戦争気分は失われたかの観がある、との報告である。敗戦国民アメリカ人にはあきれたものだ、という記事になっている。しかし、戦争中にかかわらずクリスマス気分が横溢しているのは、余裕のあらわれではないのか、といまとなってはおもってしまう。

「小癪なXマスの贈物」

1943（昭和18）年になると、皇国日本にも余裕がなくなる。

1943年12月27日に、ドイツのクリスマスのレポートがある。戦況で苦しい状態にあるドイツでは、クリスマスに、ヒットラー総統から少年少女に配給があり、戦争に勝ってきちんとクリスマスを迎えたい、と書かれている。


追い詰められてくる1944（昭和19）年。

壊滅的な状況にあった日本の新聞で（当時はもう1枚2ページだけです）クリスマスの文字が入っている記事がひとつだけあった。

１９４４年12月26日「小癪《こしゃく》なXマスの贈物」

25日午前3時半ごろ、B29一機は茨城県南に焼夷弾を落とし、農家数戸を焼いたが、死傷者もなく損害は極めて軽微。「ところが落下した焼夷筒の尾部に白ペンキでメリイ・クリスマス・トウケウ・プレゼントと小癪な文字が記されているのを発見した」。まるで牛蒡《ごぼう》掘りだと焼夷筒を掘り出した村民は、東京と間違えて野原へプレゼントした憎むべきルーズヴェルトの贈物に、敵愾心《てきがいしん》を沸《たぎ》らせた、としている。

焼夷弾にクリスマスプレゼントと書かれていたのだ。

大変な状況であるが、なんとなく田舎ののんきな空気が感じられる記事でもある。

明けて１９４５年。昭和20年8月に皇国はついに降伏した。

占領され、日本という国がしばらくのあいだ、地球上から消える。

10章　敗戦国日本は、狂瀾する

どんどん狂騒的になっていく

１９４５年より１９５２年まで日本は占領下にあった。

アジアから太平洋州を巻き込んだ世界戦争を展開し、徹底的に負けてしまったため、国家主権を奪われた。日本は独立国ではなくなった。〝連合国が統治しているあるエリア〟でしかない。１９４８年のロンドンオリンピックにも参加させてもらえなかった。きわめて屈辱的な立場である。ふつう、早く自主独立を勝ち得たいと、強くおもうはずである。

でも、一般人にはあまりそういう意識を持たなかったようだ。日々の生活がとても大変だったからだろう。それに戦時中（とくに１９４４年から１９４５年）の生活記憶があまりに厳しく、自主独立のためにあのような日々を過ごさなければならないなら、べつにもう自主独立じゃなくていい、という気分も強かったのだとおもう。

こういう気分が日本のクリスマスに見事に反映される。
日本のクリスマスは、鉄板の上で煎《い》られているように、どんどん狂騒的になっていく。

占領下の東京は犯罪都市だった

まず１９４５年昭和20年、降伏から４ヵ月後の日本のクリスマス。さすがにこの終戦直後のクリスマスは騒いでいない。12月21日の「進駐軍のクリスマス」という記事で、進駐軍のクリスマス風景が紹介されているくらいである。ただ12月24日のラヂオ欄には「クリスマス歌〜ミサ」「今年のクリスマス」「クリスマスカロル」などの番組名があり、ラヂオのクリスマスは復活しはじめたのだ。

また12月26日には「Xマス前夜、凶暴犯卅件」の記事。クリスマスイヴの24日「非常警戒下の帝都に発生したピストル強盗」などの犯罪は東京24署で30件あった。占領下の東京は犯罪都市だった。クリスマスから歳末期間は「一般家庭の婦女子は夜間外出を控えるよう」との刑事部長のコメントが出ている。敗戦直後の東京は荒れていたのだ。

そういえばこの年の気分として伝わるのは「戦争が終わった」ばかりである。「降伏して占領される」という話はあまり伝えられていない（むかしは少し聞いた）。いま伝えている人たちが、当時子供だったからだろう。ぜったいに何かを伝え洩らしているとおもう。

手探りのクリスマス気分

降伏翌年1946年はクリスマスを再開しはじめた。進駐軍の飛行機が皇居前広場に降り立ち、進駐軍将兵の子供たちへのプレゼントを運んでくる、というパフォーマンスが12月22日の記事になっている。日本人には関係ないが、楽しそうに報道されている。

また、三越や髙島屋のクリスマスセールの広告が再開され、また、雑誌は「クリスマス号」として売り出されている。手探りではあるが、クリスマス気分が出始めている。

占領3年目、1947（昭和22）年には真っ当なクリスマスから復活を始めている。新聞では「海外のクリスマス事情」が紹介され（どの国も戦後で苦しいという記事）、米人学校に招待された日本人学童の話などがニュースになっている。

12月24日は、進駐軍が〝クリスマス祝賀行進〟をおこなっている。皇居前から有楽町のほうへ山車《だし》が36台行進をした。沿道が大混雑している写真が載っている。

ほかのクリスマス記事でも、子供向けのものが中心である。真っ当なクリスマス、というのはこのあたりを指している。まだ大人の遊興クリスマスに関する記事は出てこない。

ただ、ダンスは大流行しており、無届けで営業していたダンスホールが閉鎖命令を受けている。おそらくクリスマス当夜もそこかしこでダンスはおこなわれていたはずだ。でもまだ社会的現象として新聞で扱われるには至っていない。

明確な乱痴気騒ぎ

1948（昭和23）年、占領4年目のクリスマスから、くっきりと派手になっていく。

まず駅のクリスマス装飾が問題になった。

省線（翌年より国鉄）は国の機関であるのに、その駅にクリスマスツリーを飾るというのは、国が宗教的行事に関与したことになり、憲法違反ではないか、と国会議員が問題にしたのだ。言いだしたのは参議院議員の来馬《くるま》琢道《たくどう》氏。大日本仏教会総務局長でもあるらしい。駅側はいったん装飾をはずしたものの2日後に内閣が、クリスマスツリーは「季節的な装飾の一つで、宗教的活動ではない」と確認したことにより、駅のツリーは復活した。クリスマスを敵視する側が目障りに感じる程度に、装飾が目立ってきたのだろう。

クリスマスを敵視する精神は、潜在的ではあるが、この国には常に存在している。

明確なクリスマス乱痴気騒ぎも、この年から報告されている。

1948年昭和23年12月15日。

前日に銀座の美松ダンスホールなどを武装警官70人でおそい、クリスマスデコレーションの下「五時半までのアベックタイム」で踊る300人の客の中から、進駐軍物資不法所持者10人、16歳女学生をまじえた年少者7人などを摘発した。「ジャックナイフなどの凶器を床に捨てて逃げたもの五件があった」。不良たちのたまり場になっていたようだ。

クリスマスイブの狂灡ぶりも報道されている。

「二十四日クリスマス・イヴを迎えた東京の街々は、人であふれた。教会では平和を祈り、あちこちで子供や大人のクリスマスの集いが開かれ、ダンス・ホールはこれまたオール・ナイトでインフレ紳士と淑女方が踊り狂った」(1948年12月25日)

天声人語の苦言

1949年、昭和24年、天声人語がクリスマスに対して苦言を呈しはじめる。

12月18日の天声人語(ちなみにトップ記事は「毛主席・ス首相会見」。成立直後の新中国国家主席毛沢東がス首相つまりスターリンと会談している)。

「キリストのいないクリスマスが、例によって例のごとく、にぎやかな前景気で近づいてきた。百貨店ではクリスマス・セールを始めるし、酒場ではクリスマス・イーヴの乱チキ騒ぎをやる(…)。うわべだけ見ると日本はいつのまにキリスト教国になったかと疑われるくらいだ。戦後、キリスト教はたしかに盛んになったが、それよりもいっそうクリスマス狂がお盛んになった。それは宗教上のクリスマスではない。商業政策のクリスマスであり、デカダンのクリスマスである。キリストの欠席クリスマスであり、酒と色と浪費と敗徳の降誕するクリスマス騒ぎであることが多い」

このあと聖書に触れ、「クリスマスでピエロ帽をかぶって酒をのみステップをふむ前に、だまされたと思って聖書を百ページほど読んでみたまえ」と結ばれている。

冗談で書いているわけではないのだとすると、まあ、あまりろくな提言ではない。

60年以上むかしの筆者に対して申し訳ないが（むこうに反論する機会がない）、聖書の内容も知らない連中が、ここまでクリスマスで浮かれ大騒ぎするには、なにか別の理由がある、という視点がない。バカ騒ぎをする連中の心情には一切踏み込んでいない。クリスマス騒ぎをやめろ、とダンスホールで暴れる暴漢と同じである。バカ騒ぎ連中は聖書など読んでいないだろうと見越して、私は知識層だから読んでいると、ただ上から言っているだけである。きわめて暴力的で威圧的な文章である。

この天声人語の〝騒ぎに辟易して聖書を勧める〟スタイルは、しばらく続く。

1950（昭和25）年のクリスマスも、そこそこ賑やかになってくる。

「キャバレーやホールでは、例によって仮装舞踏会など夜ふけまで乱チキ騒ぎをやらかしたが、日曜日が逆にたたったか、夕方から急に冷え込んだせいか、案外の客足。それでも踊りつかれ、飲みつかれてソファやイスにゴロ寝する連中も相当あった」（12月25日）

救急車がひっきりなしに出動

〝羽目をはずしたクリスマス乱痴気騒ぎ〟は、この翌年1951年から本格的になる。1951年昭和26年が占領下での最後のクリスマス、1952年昭和27年には独立、主権国家として復活した最初のクリスマスとなる。

占領下の1951年のクリスマス。

「騒乱の一夜は明けて」「『オールナイト』と称する歓楽の一夜は明けた」

「新橋、有楽町などは終電までラッシュ続きで全部の窓口を開いて切符を売りさばいたともこの問合わせが殺到して大いに悩まされた。新橋では七、八十名、有楽町は五十名、各駅(…)クリスマス・イブには国電が終電を繰下げ運転すると勘違いしたものが多く、各駅新宿では三、四十名が終電に乗りおくれて駅前の屋台に〝収容〟されたが、有楽町では銀座口改札前で四、五十名の徹夜組もあった」（1951年12月25日）

まさに〝乱痴気騒ぎのあと〟という写真が載っている。

独立した翌1952年のクリスマス。

「二十四日夜、クリスマス・イヴの東京の盛り場は、ごらんの通り大変な人出。こども連れやアベックなどは、歓楽極まった千鳥足のクリスマス族のウズにまき込まれて、身動きもできぬ有様だった（…）ケガ人や交通事故が続出して、救急車はひっきりなしに出動、中には酔った勢いで火災報知器のいたずら者もあって、消防車が繰り出す騒ぎも数回」

オール・ナイトの夢のあと—けさ五時 東京新橋某ホールで

景気は案外

ベルカレールウ

「ボーイさんにはおそらく〝苦しこの夜〟だったのだろう」と結ばれた記事（1952年12月25日付朝日新聞より）

両年ともに明け方のホールの写真が掲載されている。凄まじい光景である。まさに祝祭のあったあとらしい風景である。アプレゲール（戦後派）、という言葉がつい浮かんでくる。

「一夜あければ〝よごれし、この朝〟」

1953（昭和28）年は、反動からか少し沈静化している。12月25日記事。

「山手線の終電が五、六分おくれた程度で、例年のように駅頭での夜明し組は少なかった」

1954（昭和29）年はなぜか、銀座、新宿の狂瀾レポートがない。騒いでいないわけがないとおもうが、載っていない。

1955（昭和30）年はまた大騒ぎぶりが記事になっている。

「昨夜のクリスマス・イブは都内盛り場に〝キリスト狂徒〟の波がくり出し、例年のようにオール・ナイトのランチキ騒ぎをくり返した」「イブは酔っ払いによって110番と火災報知器のイタズラが終夜続発し、ひどいのは『人殺しだ』との知らせもあり、警官隊がかけつけると、酔いつぶれた男がカネを払わないために、女給群にフクロだたきにあい、救いを求める電話だった」「盛り場ではあっちこっちでケンカをしたり、ガラスを破ったりしたのが続出したが、この夜の警官は『まあまあ、キリストさまに免じて……』と逮捕したものはほとんどなく、もっぱらなだめ役に回った格好だった」（1955年12月25日）

掲載されている写真がすさまじい。

イブの翌朝、歩道標識のサクがばらばらに倒されている写真と、銀座八丁に並んでいた門松が何百メートルかにわたって、すべてひっくり返されている写真がのっている。

あきらかに無秩序な祝祭空間である。

〝なにをやってもいい〟という空気が流れる解放区が、この時期の繁華街には出現したのである。警察もこれは祭りだから仕方がない、と見逃してくれている。警察がやさしい。

新聞の社会面を通して見るかぎりは、1952年から無秩序解放区が出現するようになった。そのピークはこの1955年だった。

一夜あければ

〝よごれし、この朝〟

Xマス狂徒に警官は嘆く

〝終夜〟に批判

〝健全ではない〟と題された大宅壮一氏のコメントも掲載されている（1955年12月25日付朝日新聞夕刊より）

1957（昭和32）年には少しまだ騒ぎは続いている。

「夜のふけるとともに、酔っ払いのけんか、それをかこんだヤジ馬、新橋、有楽町付近は騒ぎがつづいた。二十五日午前一時四十分ごろ『有楽町に人殺しだ』と酔っ払いのいたずらで、大さわぎの一幕もあった」「午後九時ごろの銀座裏は喫茶店もキャバレー、バーも超満員。六丁目のある喫茶店の入口には『入れろ、入れろ』と約五百人の客が集まり、ドアを押す始末で、中から抑えるボーイと力くらべ。酔った客の一人が、クツでショーウインドーをけとばし、縦一メートル、横二メートルのガラスが破れた」(1957年12月25日)

ほぼ暴徒である。そういう騒乱状態が毎年続いていた。

黒澤明映画ではこう描かれた

黒澤明の映画にもクリスマスが出ている。

1950年製作の『醜聞《スキャンダル》』。クリスマスイブの夜、三船敏郎は志村喬と安っぽいキャバレーに入る。店の退廃的な空気と、和服と洋服の女給さんが混在しているところ、安っぽい店内のクリスマス装飾などが、当時の二流店の雰囲気をよく出しているとおもう。女給さんがあまり若くなく、ほとんど美人がいないところもリアルである。

黒澤明映画ではもうひとつ、『生きる』の歓楽街シーンも印象的である。

こちらは1952年の製作。〝クリスマス近くの12月の風俗営業〟だとおもう。ビヤホール、バー、ジャズダンス、ストリップ、ダンスホール。ひと晩かけて遊びまわる。どこもオールナイトで営業している。志村喬が、客引きの女に帽子を奪われ、追いかけようとすると、連れの遊び人の伊藤雄之助が引き留め「あの帽子ひとつ取り返すためにはね、あの帽子一ダースぐらい買う金がいるんだよ」というセリフが印象的である。どこまでも退廃的で享楽的で、それでいてパワーに満ちている。当時のクリスマスシーズンの空気がきちんと描かれている。

戦後の〝破壊的狂瀾クリスマス〟の時期は1948年から1957年である。なかでも激しかったのは独立前1951年と独立直後の1952年であった。

11章　戦前の騒ぎを語らぬふしぎ

誰も言っていないこと

ところで。
戦後のこの狂瀾クリスマスに関して、ふしぎなことが二つある。
ひとつは戦前とのつながりについて。
もうひとつは、常に批判されることについて。

16世紀から、ずっとクリスマス記載を見続けている私にとっては、「１９２８年から１９３６年までのクリスマスの大騒動」と「１９４８年から１９５７年までの狂瀾クリスマス」はどう見てもつながっている。中断期間は11年、そのうち9年は交戦中である。
戦争中は自粛していたが、戦争が終わったので、同じクリスマス騒ぎの続きを始めた、というふうにしか見えない。実際にそうだろう。どちらもメインはジャズとダンスである。歓楽エリアで大騒ぎをしている。のちの１９８０年代のクリスマスや、前の１９００年代とはちがう。１９３０年代と１９５０年代は同じである。あきらかにつながっている。

でも、どこにもそんな言説がない。もののみごとに、ひとつもない。

「戦後になってずいぶんクリスマスが盛んになった」とは言われるが、誰一人として、共通点を指摘しない。おそらく意識もしていなかったのだろう。

それだけクリスマスに関心を持たないものなのか、と驚いてしまう。

戦後に書かれたものだけを見ていれば、クリスマス騒ぎは、戦後のものであって、それはアメリカさんに占領されたからだ、と考えるだろう。

だれも、昭和３年から11年にかけてお馴染みだったあの〝クリスマスの大騒ぎ〟が、またぶり返してきた、と言っていないからだ。

まことに不思議である。

みんなの記憶がすべて飛んだのか、昭和初年に騒いだ人たちが戦争で全員死んだのか、それともおれが調べた新聞記事がうそだったのか、一瞬、奇妙な感覚にとらわれてしまう。

自分が間違っていないなら（そうおもわないと書き進められない）、つまり１９２８年から１９３６年に顰蹙《ひんしゅく》を買うクリスマス騒ぎが東京で繰り広げられており、１９４８年から1957年にも同じ騒ぎがあったのが事実だとすると、奇妙なのは私ではなく、戦後の日本人、ということになる。

もちろん覚えている人と、覚えていない人がいたのだろう。

そして、覚えている人が、この騒ぎは戦前と同じではないか、と発言できない空気が強かったのだ。そう考えないと辻褄が合わない。

正義の声によって掻き消されていった

若い昭和ヒトケタ生まれの世代（1927年から1934年生まれ）に、1930年代の記憶がないのはしかたがない。彼らは昭和12（1937）年以降に物心がつき、軍歌で育ち、小中学生で終戦を迎えたから、戦後にジャズを聞いて驚いた。こんな音楽があるのか、と驚嘆したらしい。でもそれは限定された世代である。もっと上の世代は、戦争前からジャズを聞いており、レコードだっていくつも持っていた（戦中に聞くのは憚られたそうだが、『この世界の片隅に』というアニメ映画では戦中の海軍病院でひそかに聞いているシーンがあった）。

ところが戦後の論調は、このヒトケタ世代（戦争中は子供だった世代）の意見がわりと真ん中にあり、その影響は21世紀にいたるまで続いている。この世代の語る戦争の話を、あまり相手にしてもしかたがない。長い歴史の目から見て、わたしはつくづくそうおもう（子供の話を真剣に聞いてもあまり意味がない、ということである。断片情報としては有効だけど、総合意見としては聞くに値しない。小学生は世界を俯瞰《ふかん》できないからだ）。

話を聞くべきなのは、もっと上の世代、昭和3年から11年までの狂瀾クリスマスを大人として知っている世代である。つまり、徴兵されもっとも多く死んだ世代だ。

しかし彼らは、「戦後クリスマスと戦前クリスマスはつながりがある」と語らなかった。

それは、「なぜ負けるような戦争を引き起こし、それを支持し、ともに戦ったのか」と質問されたのと同じだからである。戦前と戦後のつながっている部分を説明するとなると、戦争に対する各自の責任について語らなければいけない。

それに対して、敢然と答えた人は少ない。現在に伝えられている発言はきわめて少ない、探さないと見つからない。

いや、当時、どこかの現場や、どこかの論壇で、その心情をきちんと語った人たちはいたはずである。戦争を支持したが、それは間違っていたとは言えない。そう言った人はいた。

ただそういう発言は徹底的に押し潰されていった。「戦争は間違っていた。二度と戦争は起こさない」という圧倒的な正義の声によって掻き消されていったのだ。

戦争を積極的に支持したことを認め、その事情を話すのはとても厳しいことなのに、敢えてそれを話したところで、聞き手にそれを受け入れるつもりがなく、常に弾劾され続けるのなら、もう誰も発言しなくなる。そもそも「戦争に負けたのだから、何を言ってもしかたがない」という気分でいっぱいだった世代だ。語って意味がないなら、黙る。

〝昭和10年代（1935年から1944年）に大人だった世代〟（ざっくり1917年より前に生まれた世代）の、特に男性は、国家の戦争を支持し、支えていたとおもわれるが（男として生きているかぎり、そうせざるをえなかったのだ）、彼らは戦後、その心情については黙し、広く語ることがなかった。

戦争は間違いだった、という叫びが社会の基盤に置かれると、「終戦によって社会は劇的に転換して、新しくすばらしい時代が始まった」という考えを持たなければいけなくなる。そして、若い世代はみな、そう信じた。

だから1930年代のクリスマスと、1950年代のクリスマスの熱狂について、その共通点を語る人はいなかった。そんなことを語って面倒を引き起こしたくない。だから、どうみてもつながっている両者が、並べて論じられることもなかった。

終戦までには軍部による言論統制があり、降伏・占領後はまた〝戦争を起こした戦前体制を絶対に認めない〟という別の言論統制があったわけである。どちらも自由ではない。

降伏・占領という事実を、「終戦」と言い続けていたのと同じである。それが庶民の感覚に近かろうと、言論の強制である事実は変わらない。

戦争に負けたあと、戦争を支持した者は、みごとに全員が黙した、ということになる。おそらく本当にそうなのだ。きわめて徹底的に奇妙である。だったら、戦争直前と戦争直後のクリスマスは共通であるという考察など、誰も気にしないだろう。

ひとつの人格の裏表

もうひとつ。

１９４８年から１９５７年のクリスマスの騒ぎぶりは、目に余るものだった。火事でもないのに火災報知器を押しすぎだし、人が死んでいないのに人殺しだと叫びすぎである。繰り返し、批判された。紙面で非難もされている。

誰ひとり、あれはまあしかたがない、とは言ってくれない。

公的発言としては、みな、必ず非難していた。まったく擁護されなかった。解説も分析もしてくれていない。

毎年かならず、新聞に「クリスマスバカ騒ぎの批判文」が載った。たとえば、天声人語では１９４９年、１９５３年、１９５８年、１９５９年、１９６０年、「今日の問題」でも1951年、1953年、1960年、ほかにも「きのう　きょう」などのコラムで毎年、どこかにクリスマス批判が書かれている。

論調はすべて同じである。

キリスト教徒でもない日本人が、どうしてここまでバカ騒ぎをするのか。もっと穏やかに過ごすべきである、遊ぶ金を有効に（施設への寄付などへ）使うべきである。

この論調がいつも展開された。

そしてもちろん、バカ騒ぎをする当人たちは、そんな意見など一ミリも聞きいれることなく、放歌高吟し町を暴れまわり、ガラスを割り、火災報知器を鳴らし、踊り続けた。

批判者はどう見ても、無駄だとわかっていて、それでも発言している。

いまとなって見ると、べつだん良識層と、悪ふざけ層の対立には見えない。

私には、ひとつの人格にしか見えない。その裏表でしかないだろう。

口では良識的なことを言っているが、行動するときはバカ騒ぎに参加してしまう。そういう分裂ぎみのひとつの人格に見える。

わが国は、はるか昔からそういう分裂を抱えたまま、無理してやってきている。国際的緊張のただなかに放り込まれると、その緊張から奇妙な分裂を引き起こす。それは中大兄皇子のむかしから、井伊直弼も、また吉田茂も苦しんだところである。

そのホンネとタテマエを抱え込み、いいタイミングでそれを出し入れできる人間でないと、この国では一人前とみなされてこなかった。

キリスト教徒ではないから、騒ぐ

クリスマスは、どうでもいい行事である。

明治以降、そういうポジションにある。クリスマスはぜったいに真剣に執り行わない、扱うときはおもいっきりふざける、それが前提となっている祝祭である。

だから目立っていなければ、何も意識されない。

目立つと、叩かれる。分《ぶ》を弁《わきま》えていない、と叩かれる。おそらくただ感情的に指弾しているだけである。その根拠は、キリスト教徒でもないのにキリスト由来の祭りで必要以上に騒ぐから、というところにある。怒られるのは、キリスト教徒でもないのに、というポイントに限られている。

ただ騒いでいる側の感覚でいえば、この日に大騒ぎをするのはキリスト教徒でないから、である。かつて1936年に萩原朔太郎が指摘したとおり、クリスマスは、都会の歓楽街に限定された破壊的祝祭でしかない。

祝祭に起源はあっても、意味はない。解放されている、という感覚だけが大事にされる。自分が生きていることの確認であり、自分がやがて死んで消えてしまう、という確認でもある。

非難している人たちが、「キリストは酒神となったのか」と書いているところが、日本クリスマス騒ぎの本質である。八百万の神のひとつにキリストも取り入れてしまえ、という感覚が、クリスマス解放行動の根拠であり、識者から非難されるポイントでもある。

キリスト教徒ではないから、クリスマスは騒ぐ。

そして、キリスト教徒でもないのにクリスマスで騒ぐとは何事かと怒る。

同じことを裏と表から言っているにすぎない。

だから、非難する側には、落としどころがない。しかたないので、みなが必死で避けている「聖書を読むこと」を勧めたりする。信者でない者にクリスマスに聖書を読めと勧めているのは、それも完全に破壊行動である。クリスマスの混乱に拍車をかけているだけだ。

1950年代のクリスマス騒ぎの気分的な背景は、1952年前後にピークを迎えていることからもわかるように、占領支配の時代から主権独立の時代へうつっていく、その時代の変動と不安感によって増幅されていた。

戦前1930年代のクリスマスでは、イギリスとドイツのクリスマスを気にかけてヨーロッパ風を見習おうとしていた。戦後1950年代は、もちろんアメリカ一辺倒である。クリスマスにバカ騒ぎをするのをやめたらどうだ、という非難と意見は、戦前は国粋的な文脈で語られていたのだが、実は戦後も同じである。

クリスマス騒ぎ批判は、アメリカ支配に対する反発であり、アメリカ文化に追従している自国民に対する非難であった。

そもそも戦後のクリスマス騒ぎは、見ようによっては、アメリカへの阿諛《あゆ》に見える。アメリカさんも大好きなクリスマスに、おれたちも祝いますよ騒ぎますよ、どうですか、というヨイショの一種に見えなくもない。

そこで、騒ぐな、というのは、アメリカに追従するんじゃない、という意味になる。

1952年の独立前後に騒ぎが大きくなったのも、その心情とリンクしている。

大騒ぎしながらもそれを批判するという分裂的行動は、つまりアメリカに追従しなくちゃいけないけれど、でも追従だけではだめだ、という必死の、自我を守る行動に見える。

海外に同調もするし、日本独自路線も示さないといけない。つねに分裂しそうな自己を、必死でごまかして統一人格に見せないといけないわけである。

1958年からクリスマス風景が変わっていく。

12章　高度成長期の男たちは、家に帰っていった

高度成長期に乱痴気騒ぎが鎮まっていく

　ときどき、空前のクリスマス騒ぎは、高度成長期と同調していると勘違いされることがあるが、それは正しくない。ちょうど入れ替わりである。

　戦後といえる時代が終わるとクリスマスの乱痴気騒ぎがおさまり、日本は高度成長期に入って、クリスマスは家庭で過ごすものへと様変わりしていった。

　高度成長期は、戦後の荒々しい空気が収まっていく時期だった。

　１９５７年までは、銀座・新宿の風俗エリアを筆頭として、東京各地の繁華街は〝破壊衝動にあと押しされたようなクリスマス祝祭〟が出現していた。

　１９５８年から、いきなり沈静化した。

経済白書が「もはや戦後ではない」と宣言したのは1956年である。高度成長を予見してるようだが、そうではない。戦争で全国の都市部を壊滅させられたが、その修復が終わったという宣言である。やっとこれから普通の生活ができる、という客観的な宣言だった。それまでは真っ当な生活ができる状態ではなかったのだ。

高度経済成長期は、神武景気（1954年から1957年）を含めるか含めないかによって開始時期が明確ではないが、だいたい1955年から1960年ごろに始まり、1973年まで続く。

この時期は〝クリスマスの乱痴気騒ぎ〟が鎮まっていく期間である。

市民の荒ぶる気持ちがおさまっていき、取り締まり側の態度も変わったのだ。

売春宿の撤廃とともに

昭和33年3月31日をもって吉原はなくなってしまった、と落語のマクラでいまでもよく聞く。政府公認の売春宿が1958年に撤廃されたのだ。売春はすべて非合法となった。

もちろん、ふつうの大人は（ごく一部の不思議な人たちを除き）そんな法律で、売春が本当になくなるとはおもっていない。ただ、警察側にとって非合法化したことに意味がある。売春エリアを恣意的に動かすことができるようになった。

合法だった時代は、売春営業エリアが指定され、きちんと開示されていた。売春とそれを取り巻く組織は、とても暴力性が高い。人間の根底の欲望を隠すことなく広げる空間だから、きわめて高い暴力性を秘めており、また、それを管理する側の人間も強く暴力性を帯びる。それは現在でも同じである。その暴力空間がどこにあるか、明示されていた。

このエリアが存在していた1957年のクリスマスまでがとても暴力的であり、それらが一斉に消え去った1958年から沈静化したというのは、わかりやすい話である。遊廓がなくなったから、ほかの風俗店のオールナイト営業を禁止できたのだ（遊廓もべつだんオールナイトで店に入れるわけではなかったが、いちおう泊まり客は朝まで楼中にいた）。

1956年に日本の経済は、戦争被害復興タームから抜けだし、少し遅れて1958年には風俗街から暴力性を排除しはじめた。

警察側（政府側）がめざしたのは、〝暴力が顕在している社会からの脱出〟である。

軍事国家は、存在そのものが暴力である。軍事日本では国民のすべてが暴力性を帯びさせられた。降伏しても、すぐにはなくならない。13年たち、やっと排除されはじめたのだ。1957年まで、クリスマスがきわめて暴力性を帯びていたのは、どう考えても戦争で負けて占領された社会の気分によるものである。1958年に転換した。

昼は安保デモ、夜はイブで交通整理

クリスマスは、もとの「子供向け」のものへと回帰していく。

ただ新聞はずっと「バー、キャバレーでの乱痴気クリスマス」を追い求め続ける。

1958年。昭和33年。長嶋茂雄が巨人軍に入団した年である。この年、バー、キャバレーのクリスマスパーティ券の売れゆきが落ちたと書かれている。去年は1枚1万円の券が売れたのに、今年は3500円が最高で「不況が浮き彫りになっている」。2020年前後の感覚で言えば「去年は12万円のパーティ券が売れたのに今年は5万円が最高。不況だわ」と言ってるようなものである。欲張りすぎだろ、とおもってしまう。欲張りすぎです。

1959（昭和34）年は皇太子御成婚に沸いた年。クリスマスイブは木曜ながら、銀座の人出は大変なもので、その整理のために駆り出された機動隊員は「昼間は『安保改定反対』と『促進』の左右のデモ行進、夜はまたイブ、この日いっぱい交通整理に追われヘトヘト」と書かれている。翌1960年に安保が改定されるため、この時期にもすでにデモが盛んだったのだ。安保「促進」のデモというのが意外である。

ホームクリスマスが盛んに

１９６０年代に入り、クリスマス風景に変化があらわれる。

「宵の口にケーキを手に手に家路につく人の姿が目立ち〝イブは家庭で〟がおいおい普及した感があった」（１９６０年12月25日）

「人出の数は年を追って減る傾向をみせており、混雑と、交通整理に当る警察当局は『イブを家庭中心で楽しもうという風潮がうかがわれる』と診断」（１９６３年12月25日）

ホームクリスマスが盛んになってきたという〝報道〟である。

ただこれは実際にホームクリスマスを取材しているわけではなく、「バー、キャバレーに取材に行ったけれど、どの店も客が少なくなったというので、みんな家に帰ったようだ」という推測記事でしかない。記者たちはずっと〝暴徒化した酔客が大騒ぎをする風景〟を書きたがっているばかりだ。解放された祝祭風景を見たかったのだろう。

境目は、１９６４年東京オリンピック年になる。

昭和の歴史とともにある「クリスマスイブは、女給さんのいるカフェー、バー、キャバレーで大騒ぎする」という日本の風俗伝統は１９６４年で、ほぼ途切れた。だいたい１

930年から1964年まで、35年ほどの文化だったことになる。逆算してみると「大正生まれの男性の文化」ということができるだろう（明治後半生まれも含む）。

若者の登場

クリスマスイブとなると繁華街へ出歩く、という文化も、1960年代に変化していく。

1959年も1960年も銀座に、半日で90万人の人出があった。

「銀座四丁目から数寄屋橋にかけてはイモを洗うような混雑ぶり」（1960年12月25日）だそうで、お巡りさんがたくさん動員されて通行整理にあたっている。

つづけて、1961年は42万人。1962年、20万人足らず。1963年、31万人。

毎年、銀座四丁目から数寄屋橋は牛歩状態と報じられている。かなりの人出である。

ただそれも1963年までだった。

1964年はピーク時の午後九時で5万人、とても寂しいクリスマスイブ、と書かれている。

1965年と1966年も人出が少ない。例年通りに銀座にクリスマス用の特別警戒本部を設置していたが、さほどの人がいないので、夜8時前後に解散したと報道されている。

あきらかに1964年の東京オリンピック終了を境に銀座の人出が激減している。この

1966年以降、クリスマスに警戒本部が設置されたとの記事はない。

そして、クリスマス記事に若者が登場してくる。

1966（昭和41）年の記事に「大当りなのは、歌、ショー、食事付のパーティーを企画した都内のホテル。一人六千円なりのコースが若いカップルで押すな、押すな」とある（1966年12月25日）。いまに続くクリスマス・ディナーショーである。いまも昔も高額だ。

1967年、昭和42年になると、「ことしは、家族そろって町へくり出してきた」とデパートやレストランが驚いている。「二十四日のイブ。銀座周辺のレストランやホテルでは『お客の九割が子どもづれ』」（1967年12月25日）。べつだん、クリスマスイブに若者や家族が出掛けて、レストランで食事をしても不思議ではないだろう、とおもうのは現在の感覚であって、当時はとても珍しかったようだ。

バリケードの中でクリスマスパーティ

1968年、昭和43年はふしぎな年だった。銀座は「若い男女」で賑わっている、との記事があったあと、「バリケード封鎖中のクリスマス」について書かれている。

「東京・桜上水の日大文理学部のバリケードの中からも『聖《きよ》しこの夜』が流れて来た。文理学部闘争委のクリスマス実行委員会が主催したクリスマスパーティーである。(…)日大文理学部2号館ではコーラビンをたばねたシャンデリアが輝き、ベニヤ板に描かれたサイケ調のツリーの中で約百人の学生が、聖書を読み、クリスマス・キャロルを歌い、ダンスに興じて、闘争半年の緊張をほぐしていた」(1968年12月25日)

淡々と書かれているところが、かえって異様に見える。日大紛争でバリケード封鎖している大学生がクリスマスパーティを開いているのだ。小説『1973年のピンボール』の冒頭の逸話のようである。現場をリアルに知らないと、寓話の世界にしかおもえない。

同じ日に次の記事も載っている。

24日夜、新宿・歌舞伎町に開店したばかりの音楽喫茶でグループサウンズの人気者「タイガース」ショーが開かれた。前夜から並んだ少女たち徹夜組400人。「午後六時の開演には約七千人にふくれあがり、店側は混乱を防ぐため、七百人ずつ五回に分けて演奏開始」「ジュリー」「トッポー」と大歓声。ぬいぐるみ人形や小箱が「クリスマス・プレゼントよ」と投げ込まれ、人気者と少女たちは深夜まで騒ぎまくった。

大人気グループサウンズのクリスマスコンサートも開かれていた。正しい表記はタイガースではなく「ザ・タイガース」だったはずだが、1968年の新聞記者は詳細には頓着していない。どちらも、これまでにはなかったクリスマス風景である。1968年限定の風景ではあるが、若者だけのクリスマス、というところに文化的な意味があるとおもう。

1969年、昭和44年のクリスマスは、べ平連が「戦争は終った」のプラカードをかかげ、銀座をデモ行進している写真だけである。もちろん、ベトナム戦争はまだ終わっていない。


1970年に入り、昭和45年のクリスマス記事は、銀座の菓子店の店員が「ひと昔前までは、身動きできない人波が一歩ずつ進んだもんですが」と60年代を懐かしがっている。あいかわらずバー、キャバレーを取材して「この一、二年、イブといっても初めからあきらめてます」と熱のない表情だったと書いている（1970年12月25日）。

そしてこれが〝高度成長期の楽しいクリスマスイブ〟最後の記事となる。

イブに起きた新宿ツリー爆弾事件

1971年。昭和46年。クリスマスイブに新宿ツリー爆弾事件が起こった。人で賑わうイブの新宿の交番で、爆弾が破裂したのだ。

新聞はその事件の報道一色である。当然、街の楽しいクリスマス風景記事は1本もない。

「雑踏にXマス・ツリー爆弾　イブの新宿　テロ、ついに市民巻添え　通行人ら12人ケガ　警官1人が重体　派出所横で爆発　過激派の犯行　付近のビルも被害」

「警官一人が左足切断などで重体、通行人二人が重傷、ほかに警官一人と通行人八人がけがをした」（1971年12月25日）。過激派のしわざである。

いまもある新宿三丁目交差点角の（2017年現在ではルイ・ヴィトン前の）交番、クリスマスイブにそこに仕掛けられた爆弾が爆発したのだ。場所も時間も、平和な一般市民を狙ったものでしかない。学生運動の過激化は、わけのわからない方向に走り出していた。若者の反抗と見逃すわけにはいかない社会になっていく。しかし、実際のところは、若者の反抗というレベル以外の何ものでもなかった。そこのところが面倒な時代であった。

1972年、昭和47年は、あとからみると「高度成長期最後のクリスマス」となるのだが、残念ながら台風並みの低気圧に襲われた。風速15メートル、100ミリ近い雨の冬あらしによって、東京のクリスマスイブは吹っ飛んだ。「人出はいつもの日曜とくらべても十分の一。これじゃ意味ないですよ」と、恒例の歩行者天国も中止となった（1972年12月25日）。

クリスマス記事もこれだけである。あとは、四コマ漫画『サザエさん』の磯野家のクリスマスパーティ風景くらいである（カツオが波平を騙してワインを飲んでいる）。

高度成長期のクリスマスは、爆弾テロと、冬の嵐で飛んでしまった。

おじさんたちの祝祭から、若者たちの祝祭へ

１９７３年、昭和48年、第四次中東戦争を発端として石油価格が高騰し、石油ショックが起こり、日本社会もややパニック状態となった。高度成長はここで終わった。

新聞記事も「日本列島を直撃する石油危機。（…）クリスマスイブの二十四日夜、東京の盛り場は、なんともやり切れなく、寂しくふけた」と寂しさを強調している（１９７３年12月25日）。時代が変わったのが明確に分かる年である。

石油ショックが大きく語られるのは、国ごと巻き込まれたからである。政府が「電気を消して」と要請した。テレビも早い時間で終わり、街は暗くなった。自粛ムードになると、クリスマスはすぐに影響を受ける。炭坑におけるカナリアのような存在である。

クリスマス騒ぎは、どんどん沈静化していく。

１９７４年、昭和49年は長嶋茂雄選手が引退した年でクリスマス記事も寂しい。

「二十四日夜の東京・銀座は、去年に続いてどうも意気があがらなかった。道は、すいて

いた。一時間たち二時間たっても、菓子店の前に背たけほどの高さに積まれたケーキの箱が低くならなかった」（1974年12月25日）

この時代の最後は1975年のこの記事であろう。

「銀座も新宿も、バー、キャバレーはがらがら。パーティー券の発売や、クリスマスの特別ショーは、ほとんど、とりやめた。冷え込みに身をふるわせて、銀座のバーの支配人がいった。『私どもの商売と、クリスマスとは無関係になりました』」（1975年12月25日）

この1975年の銀座のバー支配人のセリフ「私どもの商売と、クリスマスとは無関係になりました」という言葉ほど、「破壊的祝祭の終了」をあらわした言葉はない。一抹の哀しさと、しっかりした時代の諦念が伝わってくる。

クリスマスは、日本社会の玩具である。気分によって取り扱いを変える。

その玩具をめぐって、このあとみんなが予想しない展開を見せる。クリスマスが、おじさんたちの祝祭から、若者たちの祝祭へと移っていく。

見落とされがちであるが、クリスマスは1920年代から1960年代にかけても「男が金を払って女性と楽しく過ごす日」だったのだ。江戸時代から続く男の遊びである。それが変わる。女性の意向が反映されていく。クリスマスの宗教要素を破壊するために、次世代がまた別の要素を持ち出してきたのだ。バカ騒ぎ大人のクリスマスは、いったん子供のクリスマスに戻ったあと、80年代に向けて新たな様相を見せる。

13章　１９７０年代、鎮まる男、跳ねる女

欲しくもないものを消費する段階へ

１９７０年代後半に、日本のクリスマスは、内側から変わってくる。クリスマスそのものを無意味に消費するという形は変わらないのだが、その消費のしかたが変化した。それは日本の文化の変質でもあった。

文化が変わっていくのは、人が入れ替わっていくからである。

敗戦直後に人が多く生まれた。この世代の成長とともに、社会が変わっていく。彼らが20歳を迎える１９６０年代の後半、大学進学率があがり多くの若者が大学に進んだ。戦後生まれの塊が10代後半から20代に入るころに日本史上初の〝若者〟が出現した。

また高度成長期を通じて、消費文化が広がっていった。

必要ではないものも買うようになるのが消費文化社会である。欲しかったものを手にい

れられる世界から、べつだん欲しくもないものを消費する段階へと発展していく。戦後生まれの世代が先頭となり、1970年代以降のいろんな風景を変えていった。

消費の主体は男性から女性へ

日本におけるクリスマスは、明治の終わりころから蕩尽の対象となって、その姿は変わらない。風変わりな祝祭として、無駄遣いをする日でしかない。ときにクリスマスに対する反発がうまれるのは、異教徒の祭りで騒ぐからではない。伝統のない祭りなのに騒ぐからである。新しい祭りにたくさん金を使うと、怒る人たちがいるのだ。

明治の後半から昭和の半ばまで（1906年から1956年まで）、クリスマスは〝成人男子が大騒ぎする日〟で〝子供の楽しみの日〟だった。それは高度成長期には〝子供の楽しみの日〟だけになった。そして、1970年代から、〝若者たち〟が登場してくる。同時に消費の主体が男性から女性へと変わっていく。

1970年代は、高度成長が続き学生運動の余波が感じられた1973年までと、オイルショックにより日本全体が沈み込んだ1974年以降でくっきりと空気が変わる。

1973年のオイルショックは、ただの経済的な出来事ではなかった。「日本国の存亡」についてまで論議されていた。石油が輸入しにくくなっただけで、経済が混乱した。敗戦からまだ28年しか経っていない。石油がないと国そのものが成り立たない、という記憶が蘇った世代があったのだろう。このままではいけない、と繰り返し論じられていた。経済問題が、しっかりと政治問題と密接につながっていた時代だった。けっこう暑苦しい時代である。

消費動向は、しかし軽さを求めていた。

たとえば「モーレツからビューティフルへ」というキャッチコピー（1970年、富士ゼロックス）が示すように、雄々しく男性的な時代から、しなやかで緩やかな女性的な消費へと社会が移っていった。そろってみんなが同じ行動をとる消費ではなく、それぞれの小さな差異を見つけ、自分の気に入ったものにお金を出す女性的な消費へと移っていく。

クリスマスは、若いカップルのための日へと変わっていった。

しかし、新聞記事は、そのさまを追っていなかった。新聞は、どこまでも〝おじさんのためのメディア〟でしかない。

とりあえず70年代後半から80年代の好景気の、朝日新聞のクリスマス記事を見ていく。

ディスコとは相性がよくなかった

そもそも石油ショック以降は、クリスマス記事があまり載っていない。クリスマスイブの街の風景をあまり報道しなくなっていた。

たとえば1976（昭和51）年は、銀座の街角の写真だけである。福田赳夫首相誕生の電光ニュースが流れている街頭写真が載っていて、「不況の中でのクリスマス・イブだった」と小さく書かれているだけである。ほとんど注目されていない。

1977（昭和52）年のクリスマスは日曜だが、夜はあまり人がいなかった、銀座界隈の高級レストランは予約で満席、「家族連れや若いカップルがレジのそばで長い列をつくり、辛抱強くテーブルが空くのを待っていた」とある。

1978年、昭和53年のクリスマスイブ前日は冷雨で、クリスマスケーキも売れなかったという記事のみ。ただ、クリスマスイブの六本木のディスコのレポートも載っている。

「『不確実性の時代』がことしの硬派の流行語なら、さしずめ軟派は『フィーバー（熱狂）』だろう。（…）六本木のディスコには、『フィーバー』を求めて若者たちが押し寄せた。どの店も超満員、入り口には長い列ができた」

クリスマスイブ特別イベントとして聖歌隊が入ってきて、クリスマスソングを歌ったが、若者たちは「シラケ」ていたとの記事になっている。

１９７８年はたしかに若者はみんなディスコに通っていた。カラオケに行くのと同じ感覚で行っていた（この年に上京した私もよくふらふら行っていました）。おもいだしてみると、あまりクリスマスだからディスコへ行こう、という話はなかった。このころのディスコとクリスマスはあまり相性がよくなかった感じがする。

１９７９年、昭和54年は、銀座のソニービル前の小さなコンサート記事だけである。

子供向けイベントへの収束

１９８０年に入っても、目立つようなクリスマス記事は見かけない。

新聞を１００年見てるほうからすれば、かなり昔に戻った感じである。

１９５０年代には異様なほど熱狂していたクリスマスが、社会が落ち着くにつれ、家庭内の子供向けイベントへと収束していった。高度成長期というのは、荒々しい社会を、人がましい落ち着いた社会にしていく期間だったのだ、とあらためておもう。

１９７０年代半ばにクリスマスが家に籠もってしまうと、新聞は報道することがなくなった。視点が見つからなくなったのだ。かつての主戦場であったバーやキャバレーの状態を延々とまだ取材に行ったり、子供向けのおもちゃ売り場を見に行くばかりである。

１９８０年代前半は、銀座ソニービル脇の小さい広場での風景と、新宿三井ビルの壁面に浮かび上がるクリスマス用の絵柄についてだけ、毎年、記事になっている。

１９８３（昭和58）年のクリスマスイブは土曜日で、ひさしぶりに銀座のイブのレポートが載っている。「家族連れが目立ち、その人波も早々と姿を消し、静かさが目立った」という報告である。いちおう「ホテルやレストランのディナーショーが幕をあけた。銀座東急ホテルの二万四千円のショーには四、五百人。日比谷・帝国ホテルの三万円のショーは、六百席がいっぱい」との報告もある。

実はこのあたりから、若者たちによる「恋人たちのロマンチックなクリスマス」の動きが出始めるのであるが、新聞がその動きに気づく気配はまったくない。

「ヤングは街へ、パパはわが家へ」

１９８４（昭和59）年は、１台１万５０００円もする子供向けのゲーム機がプレゼント用によく売れた、という記事くらい。１９８５（昭和60）年は、虎ノ門駅では、ケーキを片手に家路を急ぐ人がホームにあふれ、午後6時から改札規制があった、という記事が目立つくらいである。

1986（昭和61）年、「社用族もこの夜はぐーんと減って、銀座のクラブやバーは手もちぶさたのところが多かった」。遅くまで「聖夜」を楽しんだのは若いカップル。六本木でも若者一色。「暖かな星空の下で、深夜までざわめきが続いた」。

いまだにクラブとバーの取材に行っているが、いっぽうで、若者たちがクリスマスを楽しもうとしている風景は捉えている。

1987（昭和62）年。「狂乱地価」「投機狂乱」と呼ばれ、地価が上がり、株価も高騰して、みんな異様さを感じていたのだが、好景気だという報道にはなっていない。その1987年クリスマスの見出しは「ヤングは街へ　パパはわが家へ」。

「クリスマスイブの二十四日夜、東京・銀座の目抜き通りは（…）レストランで『聖夜』を過ごす若者グループやカップルでにぎわった。（…）数寄屋橋交差点では、上空のフィルム会社の飛行船の胴体に『メリー・クリスマス』と電光表示が浮かび上がり、立ち止まって見上げる人の波で、前に進めないほど混雑した」「帰宅して家族サービスに励むサラリーマンが圧倒的に多く、クラブやバーは軒並み閑古鳥が鳴いた」

まだ、クラブやバーのことを気にしていて凄い。新聞記者の頭は戦後のままである。

富士フイルムの飛行船の記事でおもいだしたけれど、たしかにこのころ、クリスマスに限らずよく広告飛行船が飛んでいて、おもわず見上げたものである。好景気のひとつの目印だった。飛行船を見上げていると、何だか高揚感があった。

翌、１９８８（昭和63）年。

異様な好景気は続いていたのだが、９月に当時の今上陛下（昭和天皇）が入院され、重篤な状態だと報道された。以降、深夜番組はなくなり、陛下の御病状がひと晩中、テロップで流され続けた。新聞記事も「ジングルベルきこえない　沈むクリスマスイブ」「自粛の波が、ここにきてクリスマスイブを迎える街を沈めている」（１９８８年12月24日）という自粛下の動向を伝えている。一瞬、時代が非常時に戻ったかのようである。

しかし繁華街では大騒ぎになっていた。

土曜日とイブが重なった24日、交通事故や急性アルコール中毒などで東京消防庁の救急車出動は１３２７件で一日当たりの史上最高を記録（１９８８年12月25日）。空前の好景気で、株価は上昇しつづけた。自粛ムードでも、人はやはり騒いではいた。

あけて１９８９年１月７日に陛下が崩御。元号は平成となった。

株価は上がり、好景気の多幸感に包まれ、新しい時代が始まった。

14章　恋する男は「ロマンチック」を強いられる

〝アンノン族〟の登場と新しい消費

前章は新聞記事で昭和末年の動向を駆け足で見ていった。しかしその裏では大きな変動が起こっていた。クリスマスが「恋人たちの日」になっていったのである。クリスマスのロマンチック革命だ。

その細かい動向を雑誌記事から見ていく。（これは2006年の私の著作『若者殺しの時代』第2章に書いたものを下敷きにして、書き改めたものである）

1970年に雑誌「an・an」が創刊された。翌1971年には「non－no」が出た。（以下、それぞれ「アンアン」「ノンノ」と表記する）

大人の女性誌である。

雑誌購買層としての人数が多いベビーブーム世代（団塊の世代、1947年から1949年生まれ）の女性が20代となり働き始めるのを見計らって創刊された。

1970年代に始まる〝女性の消費文化〟の象徴的存在である。

ふたつの女性誌の読者は合わせて〝アンノン族〟と呼ばれた。このころ、ディスカバー・ジャパンというキャンペーンとともに、若い女性グループで日本各地を旅するのが流行した。それを牽引したのがアンノン族である。

1960年代までのレジャーや遊びは、男性中心だった。〝おじさんの喜ぶもの〟がレジャー文化の中心にあった。1970年代の新しい消費文化は、団体旅行を拒否することから始まった。江戸中期以来続いていた伝統からの離脱である。多くの人に同じ商品を消費させる社会から、個々の人に少しずつ違う商品を届ける社会への変動が始まった。

1970年代から80年代にかけて個人旅行と〝高原のペンション〟が流行する。

男性中心だったレジャー文化が、女性主体へシフトしていくと、新しい消費が生み出される。女性向けのものが次々と売り出され、高度成長期とは違う需要を引き出していった。

1970年代後半にバレンタインデーが流行し、1980年代に恋人たちのクリスマスが熱く渦巻き出す端緒は、この1970年のアンノン族の動きから始まる。

〝女がほんとうにやりたかったこと〟をアンノン族が始めた。それに続く世代が、それぞれのやりたいことを展開していく。

バレンタインの真実

〝恋人たちのクリスマス〟より早く、1970年代後半に〝バレンタインデーの愛のチョコレート〟が大流行となった。

ふるく1960年代の始めにバレンタインデーにチョコレートを、という製菓会社のキャンペーンがあったのだが、当初、さほどの反応がなかった。その後も何度か似たようなキャンペーンが打たれた。しかし表面上、効果があったようには見えなかった。

しかしそれは、1960年代後半、静かに少女たちに広まっていた。

バレンタインデーに好きな男の子にチョコレートをあげるという小中学生女子向けのイベントは、1960年代末から流行りだし、1970年代前半は秘密行事として行われつづけた。それは1970年代後半に爆発的に広まり、1980年代には社会一般化した。以降、何となく不思議な日本的贈答習慣として定着している。

このバレンタインデーを引き起こしたのはベビーブーム世代の少し下である。1955年から1960年生まれあたりがバレンタインデー文化発祥の中心にいた。

少女雑誌&少女漫画雑誌が誘導された秘密行事によって〝新しい道をたどっている〟と彼女たちはわくわくしていた。それが世間に影響を与えるなどと想像もしないで〝自分たちのやりたいこと〟をやっていたばかりである。彼女たちのストレートな行動が、やがて不思議な文化を形成していくことになる。

少女の告白への憧れから始まったバレンタインデーイベントの起動は、やがて〝クリスマスイブをロマンチックに過ごしたい〟というイベントへとつながっていく。

クリスマスが〝子供のお楽しみの日〟から〝恋人たちの日〟へと変わっていった経緯をみていく。

アンノン族に憧れたやや下の世代が、新たなる〝恋愛カルチャー〟の担い手である。

1950年代生まれの世代が、少女漫画雑誌に影響を受けてそのサブカルチャーの担い手となった。「漫画に描いてあることをストレートに受け取り」、また「恋愛中心に生きていることを恥ずかしいとおもわない」という世代である。

彼女たちのストレートで力強い行動が、〝少女のロマンチックな夢〟を日本の生活に組み入れることに成功した。サブカルの殴り込みでもあった。

〝おしゃれな記念日〟として使われる

まず、雑誌「アンアン」と「ノンノ」のクリスマス記事を見ていく。

クリスマス関係の記事を次頁表に掲げておく。

1970年代からこの両雑誌はたびたび「クリスマス」を取り上げ、大人の女も楽しもうという提案をしてくる。まだ「恋人たちのロマンチックな日」を提案しているわけではないが、その素地となる記事が先駆的に登場する。

「アンアン」は創刊した1970年にすでに「クリスマス」の記事がある。

「クリスマス・カードをつくりましょう」や「2人だけのクリスマス」、「エルのクリスマス」などである。ただ、あくまで「おしゃれな異国情緒のイベント」としてクリスマスを紹介いているだけである(「2人だけのクリスマス」はお寺や農協でクリスマスを過ごす男女を紹介したページ。サイケを狙った最先端モードなのか、ただの冗談か、よくわからない)。

クリスマスは、非日常的なおしゃれな空間を演出する日として使われている。

それが「ロマンチックな日」となる前提であった。

1977年には「二人だけのパーティー」という簡単なページがあり、クリスマスを彼氏と過ごすという設定になっている。ただ、インテリア・家具紹介がメインで〝彼〟は、フランス製の家具や、ヨーロッパ風の料理と同じレベルの存在でしかない。まだあまりクリスマスに彼氏を強く求めているようには見えない。

「an・an」クリスマス記事	
1970	「クリスマス・カードをつくりましょう」「2人だけのクリスマス」「チャールズ・ディッケンズのクリスマス・キャロル」「リサ・リエ・アンナのX'マス」「エルのクリスマス」
1971	「クリスマス・プレゼント最新情報」
1972	「クリスマスに2人で行きたい店」
1973	「聖誕祭（クリスマス）のおもてなし料理」
1974	「クリスマスの飾りつけや小道具から、コンサートまでいろいろです」
1975	「ひとり暮らしの知恵⑫私のクリスマス・イブ」
1976	「クリスマス特集」「クリスマス・プレゼントの小物」「パーティー料理」「クリスマス・パーティーのできる店」「クリスマスには教会に行ってみる。」
1977	「クリスマスパーティー着を一晩で作る」「二人だけのパーティー」
1978	「世界のクリスマス・ケーキ」
1980	「クリスマスに黒と金」
1981	「「あ、これは可愛い」クリスマス・コレクション」「貰いました嬉しかった」
1982	「彼への贈り物（Xマス・プレゼント）はラッピングに凝りたい」
1983	「クリスマス特大号　今夜こそ彼の心（ハート）をつかまえる！」
1984	「男と女のクリスマス　クリスマスにあげちゃおうかな？」
1985	「クリスマスのための、上品で清楚なパールとプチジュエリー」
1987	「女から男へ　クリスマスにはザ・ギンザのこれをください。」
1988	「特別とじ込み　クリスマスのお楽しみ情報！」
1989	「特別とじ込み　お楽しみがいっぱい！　クリスマス・BOOK」
1990	「いまから待ちどおしい！　クリスマス・BOOK」
1991	「アンアンが提案する、新しいクリスマスのすごしかた。」
1992	「特別とじ込み　今年のクリスマスはもっと素敵に！」
1993	「かならず行きたい店　クリスマスのためのアクセサリーや雑貨が揃っている店。」
1994	「クリスマスをもっと楽しくする、あらゆるアイデアと情報集。」
1995	「クリスマスにほしい！　あげたい！　センスが光るプレゼントのすべて。」
1996	「'96年版クリスマス・ブック　いますぐ準備開始！　クリスマスはセンスが勝負だ。」
1997	「クリスマスは恋人づくりの絶好のチャンス」
1998	「大人の女が演出する、最高のクリスマス」
1999	「今年のクリスマスは、いつもと違う予感。1999　クリスマス・スペシャル・ブック」

ペンションで過ごすホワイト・クリスマス

1970年代「ノンノ」での象徴的なクリスマス記事は、以下のものである。

「冬の夜に作りたいクリスマスの贈り物　愛する人に心をこめて」（1977年）

「クリスマス・イン・函館」「彼への手作りの贈りもの」（1979年）

手作りの流行っていた時代である。若い女性は、セーターやマフラーをしきりに手編みしていた。クリスマスプレゼントにもよく使われていたとおもう。だれもその行為を「重い」と揶揄しなかった。金を出せば何でも手に入る時代ではなかったからだ。

クリスマスの函館というのは、一人旅の記事である。一人で函館のロマンチックなエリアをまわって、今度くるときは彼と、と延々妄想しているような内容である。やや茫漠としている。行くこともないヨーロッパの冬を夢見るように、〝ロマンチックなクリスマス〟を懸命に夢想している。

1980年代に入り、記事の様相が少し変わっていく。

プレゼントの特集、クリスマスのためのファッション記事がメインになる。

「ノンノ」1981年には「ペンションで過ごすホワイト・クリスマス」がある。

また女一人旅である。長野県白馬のペンションに集まった見知らぬ人たちと仲良くなって楽しくクリスマスを迎えている。とにかくロマンチックに過ごしたいんだと主張しているのは伝わってくる。しかしそれが男性にはなかなか届かなかった。

夢見る女性よ起ち上がれ！

画期的な記事が出るのは1983年である。

「アンアン」12月23日号「クリスマス特集」で、男と女のクリスマスに本気で踏み込んだ。「〝今夜こそ〟のメークとヘア」「ちょっぴり卑猥でかわいい会話を」「クリスマスの朝はルームサービスで。」「パーティーのときぐらい大胆なドレスで。」「夜景のきれいなバーでロマンチックに迫る。」「〝今夜こそ〟のクリスマスだから、この店に彼を誘って。」「ふたりだけのクリスマスにしたくて、夜のドライブ。」「トランクスをプレゼントしてあげる。」

これは、70年代の後半から、クリスマスを彼氏とロマンチックに過ごしたい、と強く滲ませてきたのに、いつまで経っても反応がない男性にしびれを切らして、女性から攻めていく、という宣言である。

全国の、ロマンチック・クリスマスを夢見る全女性よ起《た》ち上がれ、という檄《げき》である。

治承四年の以仁王《もちひとおう》の令旨のようなものだ。歴史的な文言に見える。日本全国に檄は飛び、かつての義仲や頼朝のように各地の女性たちは個々に、しかし一斉に立ち上がった。

何といっても、クリスマスイブを、高級レストランで食事することに終わらず、ともにホテルで過ごしたい、と宣言したところが鮮やかである。

ことに「クリスマスの朝はルームサービスで。」という記事と写真が秀逸だった。高らかに明るく、女性の希望がうたわれている。人権宣言のようでもある。

この1983年の〝クリスマス女性解放宣言〟のポイントは、女性からしっかりとホテルのベッドで朝を迎えたい、と指し示しているところにある。クリスマスイブに一緒に過ごしたい、それも彼の部屋ではなく、金をかけてきちんとしたホテルの部屋で、と要望しているのだ。クリスマスイブくらい、私をお姫さまあつかいしなさい、そうすれば女性はとても気分がいいんだから、とわかりやすく宣言してくれた。

それでも気づかなかった鈍感な男性は多かったとはおもうが、やがて〝ロマンチックに過ごす夜〟としてクリスマスは認識されていく。その画期はここにある。

1983年の「アンアン」の宣言。

恋愛における女性の立場そのものを変えたい、という宣言でもある。

女性願望の不思議な強制

実際、この年から動き始める男女のクリスマスは、いくつかの風景を変えていき、恋愛における主導権は完全に女性側にうつっていくことになる。その流れが21世紀の恋愛や結婚離れへと続いていくのだが、まだそこまで話を飛ばさなくていいだろう。

「アンアン」一冊を使って力強い宣言がなされたのは、もう、女は待っていられない、という主張だった。

1983年が〝男と女のクリスマス〟が開始された年である。

1906年、日露戦役戦勝翌年から始まったクリスマスのばか騒ぎは、いろんな形に変転しながらも、1983年には「若い男と女がロマンチックに過ごす夜」としてふたたび解放されることになった。日本人がキリスト教に持つ勝手な〝異教のロマンス感〟と、クリスマスがもとより持っている〝不思議な破壊と解放感〟による結実である。

ただこれの〝破壊〟部分は長続きしない。

「男と女のロマンチック・クリスマス」は長続きするのだが、それが破壊的だったのは、80年代の好景気の時代だけである。画期的だった〝男と女のクリスマス〟が恒例となり、ふつうの情景となると、もともと男と女が一緒に過ごす、ということ自体に破壊性があるわけではないので、ただの〝女性願望の不思議な強制〟という形しか残らなくなった。

これはこれでのちのち、若い男女を苦しめることになる。

自分のことばかり考えている男子

いっぽう男性誌のほうが、まったくのんびりしたものである。

１９８３年に「アンアン」で「クリスマスを男女のものにしたい」と強く要望しているのに、男のほうはまったく気付いていなかった。そのさまは、男性誌である「POPEYE（ポパイ）」と「Hot-Dog PRESS（ホットドッグ・プレス）」を見ていくとよくわかる。

「ポパイ」が創刊されたのは１９７６年である。創刊されて４年はクリスマスにはまったく触れていない。１９８０年からクリスマスの文字が入ったこういう特集が始まる。

「Merry Christmas and THANK YOU OLIVE!　どうしても、コレ」

これは「年間カタログ」である。その年に紹介した先端グッズをまとめて載せるカタログ号だった。その発売時期が年末だったので、こういうタイトルになっている。おそらく近年（１９８０年代に入ってから）クリスマス周辺がざわついているので、言葉遊びとして、彼女に「このカタログから選んで、クリスマスにちょうだい」という軽い洒落のようにタイトルにしただけなのだ。クリスマスはほぼ関係ない。だからこそ男女の機微を理解

「POPEYE」 クリスマス時期の特集	
1976	「アメリカン・アウトドア・ウエアをシックに着こなしてみよう」「パンクは本当に面白いか？」
1977	「感覚都市ミラノ」特集
1978	「thank you olive 今年もらいたいモノのカタログ」
1979	「THANK YOU OLIVE!　ボクの夢中モノをプレゼントしておくれ」
1980	「Merry Christmas and THANK YOU OLIVE!　どうしても、コレ」
1981	「Merry Christmas and Thank You Olive!　クリスマスにはコレおくれ」
1982	「Season's Greetings and THANK YOU OLIVE!」「雪便り、だけど半袖クリスマス。(沖縄でクリスマスを楽しもうヨ)」
1983	「Good times together and Thank You Olive!　笑顔といっしょにコレください」
1984	「1984 Merry Christmas　聖しこの夜　コレください」
1985	「今年のクリスマスは、東京ディズニーランドが穴場だぞ！」
1986	「おいしいデートBOOK」(「Xマスには素敵なお店につれてって。」の記事あり)
1987	「クリスマス　今夜こそキメてやる！」
1988	「今年こそ「思い出Xマス」にしたい」
1989	「完璧クリスマス準備企画　もう、クリスマスは恐くない！」
1990	「フツーじゃだめ、今年のクリスマス。」

「Hot-Dog PRESS」クリスマス時期の特集	
1980	「冬の着こなし術」
1981	「ファッション速報！」
1982	「男前に仕立てます!!」
1983	「デートを10倍楽しむ本」
1984	「パーティ・スタディ」
1985	「12月24日、火曜日、午後6時、さあ、キミは何を着る？」
1986	「女のコの攻略ポイント100」
1987	「12月24日に恋を実らせる　クリスマス計画準備開始」
1988	「イヴのパートナー獲得10日間大作戦　クリスマスは彼女と一緒に！」
1989	「クリスマスは彼女を誘って！　イヴには〝夢のツーショット〟実行大作戦」
1990	「必勝！　2人ですごすイヴ大作戦　クリスマス役立ち直前情報1000」

せず彼女を怒らせている若い男の姿を見せられているようで、いたたまれなくなる。

私がこの過去の雑誌記事を集める作業をしたのは2000年のことで、当時、アルバイトに来ていた女子大生（1980年生まれ）は、「ポパイ」の一連の記事をコピーしてファイルしながら「この、クリスマスにコレくださいって、いったい、何なんですか」とうっすらと怒り出していた。時を超えて20年前の男性誌に怒られても困るけど、しかし、怒り出した女性の直観というのは恐ろしく鋭い。彼女は、1980年代世界を怒っていたのだろうし、また、時代を超えて、自分のことばかり考えている男子に腹を立てていたのだろう。昔の雑誌記事に怒る態度には困惑するが、その指し示しているポイントは恐ろしく正確である。女性に不利益な行動をとる男性の本質を瞬時に見破って、的確に非難してきた。返す言葉がなかった。

男性誌は「アンアン」から4年遅れた

1980年代の半ばから男性誌も少し変わってくる。

「ポパイ」が、これはまずい、と気がついたのは1987年である。好景気の多幸感いっぱいのころ、やっとクリスマス特集を組んだ。「アンアン」の解放宣言から4年遅れてのクリスマスの大特集である。まとめて記事を見ている者からすれば、4年も何をしていたんだ、とおもうが、しかたがない。そもそも私自身が、このころなかなか気づかなかった当事者でもあるのだから、どうしようもない。

１９８７年12月16日号「クリスマス　今夜こそキメてやる！」「今夜のチャンスは逃さない（87年度版傾向と対策）」「もう、ひとりのクリスマス・イブはいやだっ!!」「効果絶大の1万円プレゼント」「超初心者のための正しいホテル利用術」

やっと女性の要望に応えようとしたクリスマス・マニュアルになっている。

以降、毎年のようにクリスマスデートについてのコーチが続く。

「ホットドッグ・プレス」も似たような経緯をたどる。

男性雑誌2誌がとても似ているというのは、編集方針がどうのという以前に、女子は好きなものがそれぞれ違うのに、男子はだいたい似たようなものが好きだ、という風景をストレートにおもいだしてしまう。

「ホットドッグ・プレス」が気付くのも、「ポパイ」と同じ１９８７年からである。

１９８７年11月25日号「12月24日に恋を実らせる　クリスマス計画準備開始」

女性をもてなすマニュアル全開である。１９８６年のクリスマスに全国でどれだけの男子が女子にキレられたんだろう、とちょっと心配になる。世の中が何だか浮ついているのに、何であなたは私を喜ばせようとしないの、と何十万もの声が上がったのだ。

１９８８年以降もしきりとクリスマスデートのマニュアルが特集される。

“キラキラした部分”が好き

このクリスマスに関する70年代から80年代に関する風景は、また私の個人的な記憶とも重なっている。女性主導によって、クリスマスの意味合いが変わっていく現場にずっといた。その記憶と、記事とがほぼ合致する。

以下、私の周辺のクリスマス記憶を記す。

１９７９年から１９８１年にかけてはまだ私も、クリスマスが男女の特別な日とはおもってなかった。クリスマスをカップルで過ごす人もいるだろうが、したい人がするだけで、彼女がいるからといって、取り立ててイベントの日にする必要は感じていなかった（ただ、これは、付き合っている彼女のタイプによってまったく違っていたとおもわれる。私の周辺には、さほど強くロマンチックなクリスマスが展開されることはなかった）。

ただ１９８２年から逃れられなくなった。

その年に付き合っていた彼女（１９６２年生まれ）は、クリスマスを二人で過ごす、ということにとても熱意を持っていた。もちろん金がないので、ホテルやレストランでは過ごせない。だから一人暮らしの彼女の部屋を、いろいろ手作りで飾り（もちろん彼女の指示によるものである）、当日は、チキン料理を作り、ちょっと高いワインを開けて飲み、プレゼントを交換した。何でこんなことを大人になってやらされるのかはよく分からなかったが、彼女が強く望んだのなら、付き合うしかない。べつだん反対する理由はない。おそらく、日本中で同じ展開を何百万組もが繰り広げていたのだとおもう。私は、クリスマスは、子供のためのイベントだろう、とおもっていたので、クリスマスをわざわざ大人の恋人どうしで過ごそうとする気持ちが、あまりわからなかった。でも、黙って付き合った。何か言っても喧嘩になるし、喧嘩になると、だいたい言い負かされるからだ。

もうひとつ。これは付き合っている女性ではなく、サークルの後輩女子に、いきなり「一年で一番大事なのは、お正月ではなく、クリスマスですよ」と言われた。これまた1982年のことである（彼女も1962年生まれ）。ほぼ、脈絡なく言われたとおもう。意味がわからなかった。その当時、私はどう考えてもクリスマスよりもお正月のほうが大事だろう、と考えていたからだ。大人のクリスマスは、何だか最近になって流行りだした一過性の流行だとおもっていたし、お正月は日本人が千年を越えて大事にしてきた行事だから、比べものにならない、比べる必要もない、とおもっていた。

「いや、正月のほうが大事だろう」と反論したが、言葉は宙を舞うだけである。

それから30年余経ち、「正月よりクリスマス」と言った彼女に、なんでああいうことを言ったのかと聞いてみた。

彼女は、練馬区の巨大な集合住宅に住んでおり、父母も九州の出身ながら、お正月に田舎に帰るという習慣がなかったそうである。団地のなかで、何するともなく過ごしているお正月にはかなり平板な印象を抱いており、それに比べて1週間前にあるクリスマスのほうが「なんかキラキラしてるから」大好きだったそうである。

「女の子って、なんかキラキラしてるのが好きじゃないですか」と言った。カラスみたいだね、と言いそうになったが、我慢した。正月をだらだら過ごす父は、九州男児であまり喋らず子供とも触れあわないタイプの親だったが、なぜかクリスマスだけはいろいろ盛り上げようと、本物の木のツリーを用意したり装飾したり、積極的だったので、子供のころから楽しみだった、という。

古く住まい続けているエリアではお正月は盛り上がるけれど、都市部で戦後に人が住み始めた新しいエリアでは、お正月はあまり盛り上がらないのだ。クリスマスのほうが、都会的であり、非日常が際立ち、楽しみなイベントだった、ということのようだ。

クリスマスイベント自体が、とても都市的だったのだ。

土着性のかたまりである正月イベントに比べて、クリスマスは〝個〟のイベントだと感じられたのだろう。男女のクリスマス以前から、土着的イベントが盛んでないエリアで盛んに受け入れられていた。都市周縁部の新興住宅地域でつよく支持されていたのだ。

戦後のホームクリスマスを盛んにしたのは、都市周縁部の新興住宅地だったのだ。

ロマンチック革命の完遂

1982年に、よく納得できないまま、クリスマスを彼女と過ごすことになってしまって以来、クリスマスをロマンチックに盛り上げないと、彼女の機嫌を損ねかねない、ということは学んだ。彼女がかわっても〝クリスマスを一緒に過ごさないと怒られる〟という情報だけは強く持っていた。女性の気持ちを深く想像したわけではない。ただ、女性を扱うマニュアルとして、意味はよくわからないまま、それに従っていたばかりである。

自分たちが自分たちの判断で、クリスマスイブは彼女のために空けておいたほうがいいと学んだころ（クリスマスだから飲みに行こうぜ、という男友だちの誘いは、彼女がいるかぎり断ったほうが賢明だと悟ったころ）世間が同じ方向に流れているので、驚いた。そのころは、異様な好景気状態、いわゆるバブル期に突入していたため、とにかく浮かれたほうがいいのだろうと判断して（当時の日本人のふつうの判断だったとおもう）、お祭り騒ぎとして、クリスマスイブはがんばって浮かれることにした。

そうやってクリスマスのロマンチック革命は完遂されたのである。

時代を表す〝売り切れ証明書〟

昭和が終わり、平成の始まった1989年以降の風景を、朝日新聞から拾っていく。80年代をかけて若者のクリスマスにはロマンチック革命が起こっていたのだが、おじさんしか見ていない1980年代の新聞はそういう動向をとらえていない。

1990年、平成2年になり、やっと〝若者たちの異様なクリスマス〟に関する記事が出る。

「ものいりクリスマス／若者のクリスマスの過ごし方、贈り物に『高級化』が目立つ」

一泊5万円の高級ホテルが人気で、予約は1年前から入っている。一人7〜8万円する青山の高級イタリアンも先月から予約で満席になった。

「米国の『ティファニー』の商品を置く東京・銀座の三越百貨店では、女性に人気のあるハート形のデザインの金、銀製ペンダント『オープンハート』が入荷。(…)同店では昨年の同じころにもこのペンダントが売り切れになり、『彼女に言い訳ができない』という客に店員が個人的に〝売り切れ証明書〟を一筆したためたことも。(…)『品切れで手に入らず、店頭でベソかく男性もいらっしゃるようです』」(1990年12月21日)

クリスマス直前の記事である。このころの若者のクリスマス騒ぎぶりがわかる。ティファニーのオープンハートの〝売り切れ証明書〟については、当時から噂に聞いていたが、しっかり朝日新聞記事にもなっていたのだ。

ただ、この記事には「バブル景気」という文字がない。まだ上昇している最中には、誰一人としてこの景気をバブルとは呼んでいなかった。「金余りの平成日本」などが一般的だった。金満日本とも呼ばれていた。世界でもっとも金持ちになった、とおもっていた。

「バブル」はじけて

翌1991（平成3）年になって、やっとバブル、という言葉を新聞で見ることができる。

「クリスマス用品はぬくもり志向　バブル消え　寒風身にしむ年の暮れ」（1991年12月14日）「バブルはじけて増えるかホームパーティ」（1991年12月21日）

1991年から〝バブル〟という言葉が使われだした。はじけたから〝バブル〟なのであって、景気がいいときはただの好景気でしかない。

1992年、平成4年になり、好景気が終わったことをしきりに確認している。

ただそれは、去年のプレゼントは5万円が相場だったが、今年は3万円前後、というものので、まだまだ好景気の余熱が強い。それを当時はしきりと不景気だと喧伝していた。

70年代に沈静化していた「破壊的なクリスマス」は、80年代後半に若者の蕩尽として復活した。恋人たちのロマンチックな夜にするため、一晩に何万円ときに何十万円と使った。主人公は変わったが、無意味に金を使うという破壊性は保持したままである。

また、子供のイベントの日だったクリスマスは、知らぬ間に、恋人たちのイベントの日になっていた。バブルがはじけて派手に過ごせなくなっても、恋人たちのイベントであることは確定してしまって、元に戻せなかった。現場にいた者としては、あまり良い方向に進んでいるとはおもえなかったが、でも止めることはできなかった。

２００９年に民主党が政権を取ることや、２０１６年に小池百合子が都知事になることと同じで、できることなら身を挺してでも止めたかったのだが、私一人の力ではどうすることもできなかった。みんなで、わっしょいわっしょいと騒ぎながら角を曲がったら、もう戻れなくなっていた。

１９７０年代後半から１９９０年代にかけての、クリスマスの大きな曲がり角は、こういう気分と風景のなかで展開していった。曲がってしまったら、どこを曲がったか、振り返ってももうわからなくなっていた。そうやってわれわれは21世紀を迎えたのである。

15章　ロマンチック戦線から離脱する若者たち

クリスマス・ファシズム

20世紀後半に、恋人と一緒に過ごしたい、というロマンスを夢見た女子たちによって変えられてしまった。ロマンチック革命である。

ほんとうに恋人と過ごすかどうかは、べつだん、どうでもいい。

大事なのは、みんなが〝恋人たちの日〟だと認識することにあった。

現実に、すべての若者に恋人がいるわけではない。そういう人たちに「クリスマスは恋人と一緒に過ごすものである」という意識を共有させたところが大事だった。そこに「クリスマス・ロマンチック革命」の意味がある。

クリスマス・ロマンチシズムは、恋人がいない人たちによって支えられていた。

ひとつは「今年はひとりであっても、来年こそは」、という肯定的な祈りによって、もうひとつは「異教の祭りを、恋人の日などと称するのはまったくナンセンスである」と強く否定する人たちによって、どちらからも強化されている。

バブルは逸脱と破壊の時代であった。そのあとに後始末の季節がやってくる。それが1990年代だった。それまでは家庭に一つで足りていた電話やテレビを、個々人に持たせるという形で、社会は組み替えられていった。家族はゆっくりと解体されていった。べつだん誰も困らないので、文句も言わなかった。家族や社会を解体すると、たとえば子育てでは母一人に負担が急増してとても苦しくなる、ということに気がつくのは、もっとあとになってからである。

クリスマスのロマンチック革命は、それと同時におこなわれた。

積極的な逸脱として始まった恋人たちのクリスマスであるが、1990年代に社会に定着した。少し変わったイベントとして年中行事に組み込まれていった。

「クリスマスは恋人たちで過ごす日」とされた。意に反した強制だと強く感じる人たちから〝クリスマス・ファシズム〟とも呼ばれた。私がクリスマス・ファシズムなる言葉を聞いたのは、スタッフの男子大学生（1976年生まれ）が1999年に発したのが初めてである。1999年には既にロマンチック革命への反動が起こっていたのだ。

破壊的蕩尽の時代から、ただの恋人の日になっていくとき、大きく関与したのは〝イルミネーション〟である。イルミネーションは見に行くだけなら無料である。バブル崩壊以降の安上がりのクリスマスイブを盛り上げていった。

イルミネーションが定番に

原宿の明治神宮への参道イルミネーションが有名である。

1993年の朝日新聞に載っている。

「サイレントナイト　人も車も大渋滞」（1993年12月25日）

歩道橋に鈴なりになっている人の写真が載っている。中央分離帯も人で埋まり、車は立ち往生。「不況下の聖夜」にみんな見とれていたそうだ。大人気である。

表参道イルミネーションはこの年が最初ではないが、注目され始めたのは、きちんとバブル経済がはじけたこの1993年あたりからである。うんと安上がりで済む。

もともとの若者らしいクリスマスの迎えかたである。

そのあと、ほぼ毎年、イルミネーション風景がクリスマスの定番記事となる。

1997年に、「クリスマスディナーはなぜ高いの?」という記事がある(12月17日)。目黒区のウェスティンホテル東京の「ビクターズ」は19日から25日までは1万6000円と2万円のクリスマスメニューだけ、お台場のホテル日航東京の「テラス オン・ザ・ベイ」も20日から25日までは2万5000円のコースだけになる。そういう記事である。かなり高い。いまの値段を見てみたが、2017年はこんな値段は取っていない。あらためて1997年はバブルの余燼《よじん》があり、相当高めのコース料理が売れていた、ということがわかる。バブル好景気の後遺症は1990年代を通して20世紀最後まではしっかり残っていた。ところによっては2000年を越えて少しまだバブルを引きずっていた。2000年代が進んでいくと、やっと落ち着き、いろんな風景が変わっていった。ただ「クリスマスは恋人たちの日」という理念は変わらない。

「ホットドッグ・プレス」から「TOKYO1週間」へ

雑誌の風景も変わっていく。

バブル期を牽引した「ホットドッグ・プレス」は2004年で休刊となった。かわりに21世紀のクリスマスデートを指導したのは講談社では「TOKYO1週間」である。イルミネーションを見てラブホテルで過ごすという安上がりで実直なデートプランを提唱しつづけた。２００３年には「聖夜《イブ》の憧れラブホ」という特集、２００８年には「ふたりで1万円ディナー」が特集されている。ずいぶん安くなった。

ただこれも、２００９年かぎり。「ＴＯＫＹＯ１週間」も２０１０年の6月に休刊となった。雑誌の牽引力がどんどん落ちていく。

女性ファッションの20世紀の旗艦雑誌だった「アンアン」も変わっていった。

２００７年まではまだ「ラブ・クリスマス」的な特集があったが、２００８年にグッズ特集となり、以降、ロマンチックなクリスマス記事は掲載されていない。

「アンアン」も２００７年かぎりで「ロマンチックなクリスマス」の先頭を切ることをやめてしまった。２０１０年代に入ると、読者の経験談や、クリスマスの思い出など、「すでに経験したクリスマス話」が目立つようになる。

雑誌は、00年代の半ばから「ロマンチックな男女のクリスマス」に関する先導的な役割をやめ、２０１０年代に入るとその手の記事そのものを載せなくなった。世代が変わり、また雑誌そのものの役割が違ってきたのだ。時代は変わる。答えは風に吹かれている。

ひとりクリスマスの過ごし方

ただ「クリスマスは恋人たちの日」という理念は掲げられたままである。

たとえば2009年の朝日新聞の記事。「リア充!?@キャンパス」という、大学生が取材して自分たち周辺の報告をするコーナーがあり、そこで「恋人がいる正統派リア充」以外の若者のクリスマスを取材している。一人で過ごしたクリスマス、同性だけで騒いだクリスマスの若者たちが紹介されている（12月24日）。

2010年代には、恋人のいない者同士で集まって遊ぶ、というのが大学生のスタンダードなクリスマスの過ごし方となっていった。

若者たちが、ロマンチック戦線から離脱しはじめたのだ。

2010年代に入ると〝ひとりクリスマス〟記事が目につく。

2014年の『東京ウォーカー』（12月9日号）ではひとりクリスマス特集をやっている。

しかし「ひとりクリスマス」という言葉を使っているかぎり、本来は恋人同士で過ごす日である、と認めていることになる。認めているが、離脱したがっているのだ。

騒ぎの沈静化とハロウィン

いっぽう、2010年代の朝日新聞クリスマス記事は、とても静かである。

定番記事として、「上野動物園の動物たちにクリスマス用の特別なエサが与えられて、それを見た子供たちが大喜び」と、「お台場でサンタの扮装をした清掃員が高層ビルの窓ガ聞は明治以来の街でのヒマネタを拾ってくる、というスタイルに落ち着いたようである。新行事扱いである。インターネット記事のほうが、クリスマス周辺はまだまだ騒がしい。節分や雛祭りレベルの年中の紹介。それが2010年代のクリスマス記事定番となった。あとは東京タワーや東京スカイツリーのイルミネーションラスを拭いた」の二つがある。

まずは、年中行事化であるが、上の流れは逆になる。

クリスマス騒ぎそのものも沈静化していく。

境目を見るのなら、ひとつは2003年だろう。「アンアン」の革命から20年。そこまではバブル余韻の派手なクリスマスが残っていた。2003年を越えると、それが消えた。

もうひとつの境目は2009年である。

2009年を境に、「クリスマスは恋人と過ごそう」という方向の煽る記事が消えた。

恋人の日であることを否定していないが、だからといって強制もしない。ゆるやかに、恋人たちのクリスマスからの離脱が始まった。そりゃそうだろう。学生運動が団塊の世代の遊び道具だったように、その下の世代は、恋愛を遊び道具にしていただけである。その世代が「上がり」になるとイベントは衰えていく。

クリスマス騒動は沈静期に入った。

氷河期と間氷期が交互にくるように、わが国のクリスマスの騒ぎも、大きくなる時期と、静まる時期がある。歴史レベルでそういう動きがある。

クリスマスで騒がなくなったのは、社会が成熟したわけではない（うちの社会は何があっても成熟しない社会だと私はおもう）。社会が平穏なのだ。「まもなく緊張が高まりそう」と変動を予感したときに、われわれの社会はクリスマスで大騒ぎする。いまは、すぐに社会が変転しないと感じているのだ。平和である。でもつまらない。そういう社会だ。

「クリスマスは恋人たちの日である」という、よく考えるとわけのわからない空気は、これから薄れていくことになる。２０２０年を境にぐんと弱まり、２０３０年にはあまり恋人の日という空気は醸し出されないだろう。ただ、ひとまわりして２０３０年代後半はロマンチックムードが高まり、２０４０年ころは騒々しくなっていくのではないか。ま、いつ、宇宙大戦争に巻き込まれるかとも関係してくるが（巻き込まれないで欲しい）。

クリスマスになりかわり、２０１０年代はハロウィンが騒々しい。

10月31日の万聖節前夜。これまたキリスト教の祭りではない、アメリカのお祭りでしかない。アメリカ的商業文化の影響で、世界に伝播していった。

私の個人的な記憶によると、平成になった年1989年の10月31日に、山手線で仮装した小悪そうな外国人（西洋人）が車内を走り回っていたのが初見で、20世紀末からどんどん認知され、少しずつイベントが行われるようになった。

ハロウィンが本格的に日本で盛んになったのは、2009年からである。

この年から、アメリカを模した東京ディズニーランドだけではなく、ヨーロッパを舞台にした東京ディズニーシーでもハロウィンが全面展開され始めた。ここが画期である。クリスマスからロマンチックが剝がされだした年でもある。

輸入した文化はいつでも捨てられる

バレンタインデーとロマンチック・クリスマスは、カップルのためのイベントである。そのあと、やってきたハロウィン文化は、コスプレ文化である。日常とは違う姿になって騒ぐ。その姿をSNSで発信する。スマートフォンとインスタグラム向き祝祭でもある。

地元の氏神祭りなどの土着的な祝祭に参加したことなく、だからといって「恋人たちの」クリスマス祝祭に意味を見出せない若者が、2010年代の祭りとしてハロウィンを選んだ。恋愛と関係がないところが気楽である。

バレンタインデーも、クリスマスも、それにハロウィンも、すべて輸入した文化だというところに意味がある。まったく土着性がない。どこまでも借り物である。

だからいつでも捨てられる。そこがいい。

西洋文化の祝祭の容れ物を借り、そこで独自の祭りを展開している。由来もなければ、歴史もない。伝統にもならない。ただ、西洋文化を受け入れているというポーズだけがある。おそらくその西洋人向けのポーズが大事なのだ。

日本人は、言葉にしていないが「ニホン的な守るもの」を抱えている。だからこそ、海外発信の祭りで無意味な大騒ぎができるのだ。一神教の教徒には理解できないかもしれないが（私たちだって一神教は理解できない）、これはこれで日本人が敬虔であり、宗教的感情を強く抱いていることを指し示している。一神教を信じない者たちを無宗教と呼ぶのは、あまりにも傲慢すぎる。日本人も、卑下して自分たちは無宗教などと言わず、日本人は日本人であるだけである種の宗教的存在である、と小さい声で言ってやればいいのだ（どうせ聞いてくれないから小さい声でいいとおもう）。

終章　日本とキリスト教はそれぞれを侵さない

面倒を避けようとしている

キリスト教会での結婚式が、日本の女性には人気である。結婚式そのものが減る傾向にはあるが、でもやるのなら、神社よりも教会での挙式に人気がある。やはりウエディングドレスが着たいからだろう。キリスト教会での挙式が結婚式の過半を占めるが、キリスト教徒は日本人の総人口の1％しかいない。ここには日本文化とキリスト教の関係が如実にあらわれている。べつだんみんな、キリスト教の教義や宗教性は要らないのだ。欲しいのは、きらきらした外見だけである。

キリスト教周辺は、日本の大人が相手にしていないエリアである。会えば挨拶くらいはするが、相手にはしていない、という関係である（キリスト教の思想そのものを相手にしていない、という意味であって、キリスト教徒だから相手にしない、ということは現代においてはあまりない）。

日本におけるクリスマスの歴史を調べるということは、日本とキリスト教の不思議な関係を目にすることにもなった。

まず、客観的に書かれた「日本におけるキリスト教の歴史」が少ない。つまり、日本での異端者であるキリスト教徒が、周囲を怒らせ排除された、ということを、キリストも神も介さずに書かれた文章がほとんどないのだ。すべて〝受難〟の話になっている。そんな主観的な描写は私には必要ない。しかし、そういうものしか出てこない。

キリスト教側に熱があふれていて（キリスト教徒にしたいという熱である）、日本側はおそろしく冷淡である。やがて、日本人は、〝キリスト教〟の中身にどんな興味も持っていないのだ、と気がついた。私も含めて、徹底して遠ざけている。知識としては興味をもつが、感情を触れ合わないようにしている。おそらく無意識に面倒を避けようとしているんだとおもう。

秀吉時代から徳川時代、それに明治時代にかけ、キリスト教徒はつねに迫害される側であり、かわいそうな人たち、ということになっている。その立場の話ばかりが集まってくる。なぜ、大いなる犠牲を払ってもキリスト教を徹底して排除したのか、排除した側の心情が、あまり説明されていない。秀吉と家康の意図も想像して、いちおうの説明をつけるしかなかった（鎖国の最終決定は家光の時代であり、家康ではないが、徳川政権の代表として比喩的に家康の名前を使っている。本文ともども了されたい）。

日本にあった宗教は、西洋の一神教のような強さはない。

仏教は、この国の風土に合うように、日本人によって変えられて、取り入れられた。神道とは、宗教というほどのものではなく、仏教が主流となったときに、そこから落ちこぼれたものを拾い集めたようなもので、神道を体系化しようとしたとき、手本が仏教しかなかったので、仏教と同じ体系になってしまった。のち、神仏融合がおこり常態となったのは、〝日本的な宗教〟として、もっとも落ち着く形だったからである。

キリスト教と日本の問題は、「内村鑑三の不敬事件」に如実にあらわれている。

キリスト教徒であるかぎり、キリスト教の至上の存在（日本語に乱暴に訳したときの神。いわゆる主、ヤハウェ）以外に奉拝するべきものはない、というのが問題になる。

内村鑑三は、天皇（の代わりと考えられるもの）へ頭を下げることを拒否した。これが大問題になった。

日本人がキリスト教を受け入れられない理由

不敬事件の経緯はおよそ以下のものである。

明治23（1890）年、教育に関する勅語が発せられ、全国7つの高等中学校には、明治天皇の直筆署名（睦仁）入りの教育勅語が授与された。全国7つだけである。教員も生徒もとても誇り高くおもっていたはずだ。内村鑑三は当時、その第一高等中学の教員であった。

明治24年1月9日新学期開始日に〝陛下御署名入りの教育勅語の奉読式〟が行われた。ウソの日本的な対処としていえば、内村はそういう場に出なければよかったのである。ウソの病気になって休めばよかった（実際に内村の同僚のキリスト教徒教師は、そうしている）。それをわざわざ周囲の神経を逆なでするような行為をするから、問題になった。

勅語の奉読のあと、教員と生徒はみな、陛下御署名入りの勅語に奉拝することになった。内村鑑三の順は3番目、彼は、教育勅語の前に進み出て、軽い礼だけで下がってしまった。

奉拝、というのは神社での拝礼のように、敬意を抱き深く拝礼することを意味する。

内村は奉拝しなかった。天皇陛下にお会いしたときのような深い礼をしなかったのだ。

内村鑑三自身の書翰によれば「私は迷い、躊躇しながら、キリスト教徒としての良心に背かない道を選び、六十人の（すべて非キリスト教徒の）教授と、千人以上の生徒の見守る厳粛な雰囲気のなか、自分の信念を貫き、拝礼しませんでした！」（事件2ヵ月後にアメリカの友人ベル氏に当てた手紙。原文英文。括弧内一部略。「内村鑑三全集　36巻」）

同席した同僚や生徒らにより非難が始まった。

当然であろう。人は、自分が信じているものを、他人が軽んじるところを目撃すると、激高する。自分をも踏みにじられたと感じるからである。

内村の上司にあたる校長は、宗教的礼拝と尊敬の念による最敬礼は別のものと考えよ、と諭し、拝礼しなおすことを促すが、内村鑑三は病いに倒れ、友人による代拝となった。このときすでにマスコミの知れるところとなり、大問題となった。

もちろん、天皇陛下の御宸筆《ごしんぴつ》に対して拝礼しないとは何ごとか、というのが咎めるときの言葉であるが、実際は、〝天皇陛下へは最大の敬意を払いたいと考えている周囲の人たちの心情を、目に見える形で踏みにじった〟ところが真の問題である。

内村は、そのまま一高を辞めることになる。

内村はしかし天皇を尊敬していなかったわけではない。事件の1年少し前、明治22年の天長節に、東洋英和学校での内村鑑三の演説を聴いた山路《やまじ》愛山《あいざん》がその内容を伝えている。

菊、富士をさして日本独特の美しきものと言い、しかし日本が世界に最も誇るべきものは皇室である、と力説した。それを聞いた山路は、生涯忘れ得ぬ言葉である、と記している（『日漢文明異同論』）。内村鑑三はきちんと明治の知識人らしい見識を持っていた。

彼がなぜ、教育勅語に対しての拝礼をおこなわなかったのかは、定かではない。ただ根本のところは、キリスト教徒としての信念によるものだろう。日本において、キリスト教の「主（ヤハウェ）」と「天皇」のどちらを上に考えるかという問題である。生身の陛下に直接会って拝礼しないということはありえないが、その御宸筆（書いたもの）に拝礼せよ、といわれて疑問を抱いてしまったのだ。

つまるところ、キリスト教徒は、最高存在としての天皇を認めにくい。認めるとしても、主があって、その下位の天皇ということになってしまう。

キリスト教国の王は、主によりその地位を授けられる。しかし異教の王は、改宗しないかぎり、キリストの主によって王として認められない。

キリストの主と、日本の大王《おおきみ》（天皇）が、ともにいられる空間はない。べつだん天皇が神だということではない。天皇は、キリストと別のものを崇拝しているというシステムの違いだけである。天皇陛下にいま崇拝していただいているものをとりやめられると、国民がとても困る。やめてもらうわけにはいかない。日本国の存続にかかわる。

これが日本人がキリスト教を受け入れられないすべてである。

一神教の宗教感情がわき上がらない国

キリスト教はだから、別のところで生きていってくれればいいのである。べつの考えなのだから、べつのエリアでそれぞれやっていけばいいだけのことである。

16世紀のキリスト教は譲らなかった。日本にある伝統的祭祀を悪魔の祭りとして認めなかった。日本古来のものを破壊し、キリスト教を広めようとした。

譲らないから、こっちも引けなくなってしまう。

羽柴秀吉も、徳川家康も、自分の命を的に、自力で天下を取った覇者である。譲るつもりのない宗教がやってくれば、断然、排除するだけである。それは悪でも、暴虐でもない。ただの政治的な処理にすぎない。

秀吉や家康は、日本文化の根幹が揺らぐことを恐れたのである。

天皇は、ずっとわが共同体の象徴であり、象徴でしかない。

天皇を頂点に置くわが共同体独特のシステムと、キリスト教のような一神教は相容れることがないだけである。

何の前提もなく、ただ尊敬し、敬う対象として、天皇《おおきみ》は存在する。

おおきみの存在は、外《と》つ国《くに》に対するものではなく、この列島の自然に対するものである。おおきみにとって自然の慰撫《いぶ》は大きな仕事であっただろう（いまもかなりそうである）。われわれの根本的な意識のところに、一神教の宗教感情はわき上がってこない。しかたがない。そういう自然の中で暮らしているのだから。西洋人や西アジアの人が強く求める宗教とはまったく別のものである。先にも書いたとおり、われわれはべつだん、無宗教ではない。システムと表出が違うだけである。


キリスト教と「天皇を中心とする日本システム」は明確には敵対しない。別のエリアで関係なくそれぞれでやっていればいいのだ。

しかし、キリスト教側が、日本のシステムを否定しようとするかぎり、強く対立する。日本システムを守るために（つまり日本を守るために）、キリスト教徒が増えることは見過ごせない。排除するしかない。こちらとしては「その話は不要だから、帰ってくれ、そのへんの者を惑わさないでくれ」というばかりである。何も理不尽なところはない。

宣教師の背後に控えるのは暴虐な軍隊

秀吉も家康も、キリスト教をこの国に存在させてはまずいと判断したときに、いきなりみなを捕縛していきなり殺したのではない。まず「国へ帰れ」と告げた。日本国を代表して、この国にはそれは不要である、と宣言し、この国ではやめろ、と告げただけである。それでも、神の教えに従い日本システムの破壊をやめない、と伝道しつづけたものたちを排除していったのだ。

キリスト教殉教者が、一方的な被害者だとはいえない。戦争で、かたほうだけが被害者ではないのと同じである。明確な戦争レベルには達していないが、キリスト教の布教と弾圧が、命を賭けた戦いだったのはたしかである。負けたほうは命を取られる。かたほうが権力側（秀吉・家康政府）であり、かたほうが海外から来た後ろ盾の薄い者（宣教師）だからといって、一方的に「権力による弾圧」ととらえるのはどうかとおもう（そう宣伝するキリスト教の主張をそのまま飲み込むのもどうかとおもう）。宣教師たちも、ときに国の王と連絡を取り、もし彼らの布教が成功したのなら、かなりの軍隊を派遣して、イスパニア王、もしくは教会領の国とする目論見はもちろん持っていたわけである。

見方を変えれば、家康たちは〝日本対キリスト教国の戦争〟の緒戦で、敵を徹底的に叩いただけである。16世紀のキリスト教布教は、13世紀の元寇と同じレベルの日本の危機だった、とおもったほうがいい。

宣教師そのものはやさしい表情をしており、人を殺したりはしないだろう。でも歴史をみるかぎり、宣教師はやさしくても、彼らを保護するためにやってくる軍隊は暴虐である。すげえきれいなお姉さんに怪しげな場所で誘われてうかうかついていったら、ものすごく怖いお兄さんが出てきてぼこぼこにされて金を巻き上げられた、というのと同じである。お姉さんはきれいだったしいい匂いがしたから罪はない、と言われても、ばかじゃないのか、としか言えない。

日本国内の信者がある一定数に達したとき、本国のイスパニアなりポルトガルなりから軍隊を送り込み、国内の信者の内乱と呼応させれば、西日本の一部は占領できる。ここで黙認したら、やがて彼らの軍によって首を取られる、と家康は想像したのであろう。自分ではなくとも、わが子孫の首が危ない、と考えたに違いない。

権力批判が好きだからといって、16世紀から17世紀の宗教弾圧を「いつも悪い権力側と、かわいそうな庇護のない宗教者」と捉えるのは、一方的すぎる。しかし、ほとんどの書物はそういうトーンで書かれている。

いろんな不利益をうみそうな国交断絶を選んでまでも、キリスト教をこの国に入れるわけにはいかないと判断したのは、国を預かる者としての強い判断力である。わたしは、個人的には、この徳川中央政府の判断をきちんと評価して、支持したい。

日本とキリスト教の不可侵条約のようなもの

それは明治期に入っても同じであった。

暴力的に開国させられたあげく、キリスト教まで国内で好き放題に布教されてはたまらない、という気分である。キリスト教徒が増えないように見張っている一方で、西洋列強に負けないための国造りを急いだ。

治外法権がなくなり、キリスト教徒と日本人の雑居が始まったころには、日本は世界の大国である中国（清）とロシアと戦争をして勝った。

ロシアとの戦争で勝ってから、クリスマスは日本の年中行事に取り入れられた。

ある意味、日本とキリスト教の不可侵条約のようなものだとおもう。

おたがい、それぞれを侵さない。

日本は、キリスト教国になることはないが、でもキリスト教に対していままでのような排除方向だけでは接しない。クリスマスという楽しげなイベントは受け入れるから、そのあたりで手を打ってもらえないだろうか、という言葉にしないやりとりである。

もちろん誰も言葉にしていないし、その思念さえ取り交わしていない。

でも、おそらくそういうことなのだとおもう。

クリスマスの大騒ぎは、キリスト教の教えを受け入れないという宣言でもある。

それ以降、ずっと無意味に大騒ぎを続けている。

カフェーで騒ぎ、ダンスホールで騒ぎ、バーやキャバレーで騒いで、シティホールで騒ぎ、高級フレンチで散財し、ディズニーランドではしゃぐ。

ずっと騒ぎ続けるのがいいとおもう。２０３０年代にロマンチックな日ではなくなっても、キリスト教徒でない日本人はずっと騒ぎつづけたほうがいい。

それは、キリスト教の呪縛を越え、古代から続く一陽来復の祭りを祝いつづけることにもなるからだ。

　これからも「西洋のように静かに迎えよう」だの「聖書を少しは読もう」という世迷《よま》い言《ごと》が繰り返し出てくるだろうが、にっこり微笑んで、圧倒的に無視すればいい。聖書は、降誕祭とまったく関係なく読めばいいのだ（一生読まなくても日本では困りません）。

　古代の神の祭りを受け継いで、異教徒なれどもクリスマスにばか騒ぎを続けることを、わたしはとても祝福したいとおもう。

あとがき

クリスマスは子供のための日だった。

昭和30年代生まれの私にとって、クリスマスは、大人が子供の相手をしてくれる日であり、わがままが聞いてもらえる数少ない一日であった。

それが私が大人になったころ、１９８０年を過ぎたころから、恋人たちが一緒に過ごす日となっていた。その変化の現場にいたわけなのだが、現場にいたからこそ、わけがわからなかった。何が起こっているのか理解できないまま、でも女性に嫌われるわけにはいかないから、ひたすらその対処に追われていた。

十数年経ち、週刊誌の連載で「恋人たちのクリスマス」のルーツを探った。八幡山の大宅文庫に行って〝クリスマス〟の検索で出てきた記事を全部見ていった。１９８３年が始原だと発見して、週刊文春に書いた。それが２０００年のクリスマスシーズンである。

それらをもとに『若者殺しの時代』（講談社現代新書１８３７）という新書を書いたのが、２００６年である。その2章が、本書14章のもとになっている。

『若者殺しの時代』以来、新書の担当をしてもらっていた川治豊成氏に、２０１５年になって、日本のクリスマスで新書を一冊書いてみたい、と話した。

川治氏は興味を示したが、同時に「クリスマスだけで一冊書けますかね」との疑義も呈した。今になっておもうと、ここにもまた〝日本人のクリスマス観〟がきれいに出ている。おもしろそうだけれど、日本のクリスマスだけでは新書一冊ぶんの題材には足りないのではないかと疑われ、私も調査前だったので実証的反論ができなかった。あまりにも普通の日本人で、あまりにも日本のクリスマスを知らなさすぎた。

調べだすと、足りないどころではない。とても多く集まった。その資料をもとに書いたところかなり長くなってしまった。そこから100ページほど削ったのが本書である。

また、明治大正昭和の朝日新聞を読むのがすごくおもしろかった。なかでも昭和2年の上杉博士と柳田國男のやりとりを発見したのがとても嬉しい（本文123頁）。

毎年の12月ぶんの新聞を読むだけで楽しくてたまらず、あらたに全日の新聞を全部読んで、日本の近代をたどるという、つぎの企画に入っている。

本書の担当は米沢勇基さんがやってくれた。新聞資料コピーを日野友里加に手伝ってもらった。あと少しだけ岡崎桃子に英語をみてもらった。そんなところかな。

ではまた。メリークリスマス、メリークリスマス、ミスターローレンス。

参考文献

『サンタクロースの秘密』クロード・レヴィ＝ストロース／中沢新一　せりか書房　１９９５
『クリスマスの起源』Ｏ・クルマン著　土岐健治・湯川郁子訳　教文館　２００６
『ローマ人の物語13　最後の努力』塩野七生　新潮社　２００４
『イエズス会士　日本通信』村上直次郎訳　雄松堂書店　１９６８〜６９
『完訳フロイス日本史』ルイス・フロイス著　松田毅一・川崎桃太訳　中公文庫　２０００
『潜伏キリシタン　江戸時代の禁教政策と民衆』大橋幸泰　講談社選書メチエ　２０１４
『北槎聞略　大黒屋光太夫ロシア漂流記』桂川甫周　岩波文庫　１９９０
『環海異聞　海外渡航記叢書２』大槻玄沢・志村弘強編　雄松堂出版　１９８９
『船長日記　池田寛親自筆本』鈴木太吉　愛知県郷土資料刊行会　２０００
『蕃談　漂流の記録１』古賀謹堂著　室賀信夫・矢守一彦編訳　東洋文庫　平凡社　１９６５
『キリスト教解禁以前　切支丹禁制高札撤去の史料論』鈴江英一　岩田書院　２０００
『日本の近代社会とキリスト教』森岡清美　評論社　１９７０
『植村正久と其の時代』佐波亘編　教文館　１９７６
『明治文学全集81　明治女流文学集㈠』（木村曙篇）筑摩書房　１９６６

講談社現代新書　2401

愛《あい》と狂瀾《きょうらん》のメリークリスマス　なぜ異教徒《いきょうと》の祭典《さいてん》が日本化《にほんか》したのか

二〇一七年一〇月二〇日第一刷発行

著者　堀《ほり》井《い》憲《けん》一《いち》郎《ろう》

発行者　鈴木　哲

発行所　株式会社講談社
東京都文京区音羽二丁目一二―二一　郵便番号一一二―八〇〇一
電話　〇三―五三九五―三五二一　編集（現代新書）
〇三―五三九五―四四一五　販売
〇三―五三九五―三六一五　業務

装幀者　中島英樹

印刷所　凸版印刷株式会社

製本所　株式会社大進堂

定価はカバーに表示してあります　Printed in Japan

N.D.C. 210　252p　18cm
ISBN978-4-06-288401-3

「講談社現代新書」の刊行にあたって

教養は万人が身をもって養い創造すべきものであって、一部の専門家の占有物として、ただ一方的に人々の手もとに配布され伝達されうるものではありません。

しかし、不幸にしてわが国の現状では、教養の重要な養いとなるべき書物は、ほとんど講壇からの天下りや単なる解説に終始し、知識技術を真剣に希求する青少年・学生・一般民衆の根本的な疑問や興味は、けっして十分に答えられ、解きほぐされ、手引きされることがありません。万人の内奥から発した真正の教養への芽ばえが、こうして放置され、むなしく滅びさる運命にゆだねられているのです。

このことは、中・高校だけで教育をおわる人々の成長をはばんでいるだけでなく、大学に進んだり、インテリと目されたりする人々の精神力の健康さえもむしばみ、わが国の文化の実質をまことに脆弱なものにしています。単なる博識以上の根強い思索力・判断力、および確かな技術にささえられた教養を必要とする日本の将来にとって、これは真剣に憂慮されなければならない事態であるといわなければなりません。

わたしたちの「講談社現代新書」は、この事態の克服を意図して計画されたものです。これによってわたしたちは、講壇からの天下りでもなく、単なる解説書でもない、もっぱら万人の魂に生ずる初発的かつ根本的な問題をとらえ、掘り起こし、手引きし、しかも最新の知識への展望を万人に確立させる書物を、新しく世の中に送り出したいと念願しています。

わたしたちは、創業以来民衆を対象とする啓蒙の仕事に専心してきた講談社にとって、これこそもっともふさわしい課題であり、伝統ある出版社としての義務でもあると考えているのです。

一九六四年四月　野間省一

日本史

1258 身分差別社会の真実——斎藤洋一 大石慎三郎
1265 七三一部隊——常石敬一
1292 日光東照宮の謎——高藤晴俊
1322 藤原氏千年——朧谷寿
1379 白村江——遠山美都男
1394 参勤交代——山本博文
1414 謎とき日本近現代史 野島博之
1599 戦争の日本近現代史 加藤陽子
1648 天皇と日本の起源 遠山美都男
1680 鉄道ひとつばなし——原武史
1702 日本史の考え方——石川晶康
1707 参謀本部と陸軍大学校 黒野耐
1797 「特攻」と日本人——保阪正康
1885 鉄道ひとつばなし2——原武史
1900 日中戦争——小林英夫
1918 日本人はなぜキツネにだまされなくなったのか 内山節
1924 東京裁判——日暮吉延
1931 幕臣たちの明治維新 安藤優一郎
1971 歴史と外交——東郷和彦
1982 皇軍兵士の日常生活 一ノ瀬俊也
2031 明治維新 1858-1881 坂野潤治 大野健一
2040 中世を道から読む——齋藤慎一
2089 占いと中世人——菅原正子
2095 鉄道ひとつばなし3——原武史
2098 戦前昭和の社会 1926-1945——井上寿一
2106 戦国誕生——渡邊大門
2109 「神道」の虚像と実像 井上寛司
2152 鉄道と国家——小牟田哲彦
2154 邪馬台国をとらえなおす——大塚初重
2190 戦前日本の安全保障——川田稔
2192 江戸の小判ゲーム——山室恭子
2196 藤原道長の日常生活 倉本一宏
2202 西郷隆盛と明治維新 坂野潤治
2248 城を攻める 城を守る——伊東潤
2272 昭和陸軍全史1——川田稔
2278 織田信長〈天下人〉の実像 金子拓
2284 ヌードと愛国——池川玲子
2299 日本海軍と政治——手嶋泰伸